下川耿史

エロティック日本史

古代から昭和まで、ふしだらな35話

舎新書
413

はじめに

『古事記』や『日本書紀』の伝えるところでは、日本人の第1号はイザナギとイザナミという男女である。この2人が性的な関係を結ぶことによって、すべての日本人は始まった。では2人はどんな場所で、どんな体位で関係したのだろう？　あるいは日本では1960年代まで夜這いが行われていたが、一体、一番最初に夜這いをしたのはどこの誰だったのだろう？

本書はそういう歴史に残る性のエピソードを集めたものである。

実はこれらの話題は、筆者が飲み屋通いを続けていた1980年代に抱いた疑問でもあった。

ある時、店の女将が和服だったので、筆者が「和服の女性は今でもノーパンなの？」と質問したことからパンティー談義になり、飲み仲間が「敗戦直後にはパンパンがズロース（今のパンティー）を米軍のPX（マーケット）で入手したら、本気で客の男に惚れた証拠」という話をした。パンパンは手縫いのズロースをはいている女性がほとんどだったが、恋人には部厚い手縫いのズロースは見られたくないというわけである。

この話が神奈川県横須賀に残る歴史の裏話であることを筆者は後に知ったが、その時はいかにも戦後の世相を象徴しているように感じられ、性の風俗史を生涯のテーマに選ぶ大きなきっかけになった。

ある時代にはその時代を象徴する性のエピソードが必ず存在する。そしてそのエピソードには人間の面白さやおかしみ、さらに哀愁もたっぷりと詰まっている。それらを拾い集めていけば、楽しみながらにして、もう1つの日本の歴史が浮かび上がってくるのではないだろうかというのが、筆者の基本姿勢になったのだ。

人生とはペニスとバギナの離合集散のドラマだと、筆者は考えている。とすればそのドラマを見据えることが、歴史と正面から向き合うことにもなるはずだ、少なくともそういう本があってもいいだろうというのが、本書に託した筆者の思いである。

エロティック日本史／目次

DTP 美創

第1章

エロくて偉大な神様たち

神話～古代

第1話 それは〈後背位〉から始まった

中国の性書にそっくりな日本の始まり

日本人で初めてセックスした男女といえば、いうまでもなくイザナギとイザナミである。日本最古の資料である『記紀』、すなわち『古事記』と『日本書紀』によってその場面を復元してみると、両書ともに天地創造の場面に続いて、2人による「国生み」のエピソードが語られている。

712（和銅5）年にできた『古事記』の場合、イザナギが「自分には成り成りて成り余れるところがある」と語ったところ、イザナミは「自分には成り成りて成り合わぬところがある」と答えたので、イザナギが「汝が身の成りあわぬところを刺し塞いで国生みをなさん」といって関係したという。

これに対して8年後の720（養老4）年に成立した『日本書紀』の「神代編」にはイザナギが「自分には陽の元《はじめ》といわれるものがある」といったのに対して、イザナミが「自分には陰の元がある」と答えたので、イザナギは「自分の陽をあなたの陰と合一させよう」といって関係したとある。

『日本書紀』の「陽の元」「陰の元」という表現に比べると、「成り成りて成り合わぬところ」とか、「汝が身の成りあわぬところを刺し塞いで」といった『古事記』の記述の方がはるかに生々しく、わいせつ感が漂っているように感じられる。これは『古事記』が稗田《ひえだの》阿礼《あれ》という1人の語り部による物語であるのに対して、『日本書紀』は大和朝廷が「正史」を残そうという意図のもとに編さんしたものだから、きれいごとの表現になったのだろうと推測されている。

ところで2人は「天の御柱を回って、出会ったところで関係を持った」のだが、『古事記』と『日本書紀』では柱の回り方が反対になっていて、『古事記』の場合、「イザナギは天の御柱を右から、イザナミは左から回って」とあるのに対して、『日本書紀』ではイザナギは左転、イザナミは右転したことになっている。いずれにしろこうして最初に淡路島が生まれ、続いて四国、九州、本州などが次々に生まれたのであった。

その意味では「国生みの神話」は日本の発祥を示す根幹のエピソードだが、実はこの話には出典があって、紀元600年頃に成立した中国の『洞玄子《どうげんし》』という本の中に、

「天は左に転り、地は右に廻る。男唱えて女和し、上為して下従ふ。此れ物事の定理なり。故に必須男は左に転り、女は右に廻り、男は下に衝き、女は上に接すべし」

という一節がある。男が左回りで女が右回りという点など、『日本書紀』の記述は明らかにここから採られたと思われる。さらに付け加えると、『洞玄子』は古代中国の代表的な性の指南書である。つまり日本創世の神話は中国の性書からパクったものというわけである。

セキレイが神にセックスを教えた

ではこの時、2人はどんな体位で関係したのだろう？

『日本書紀』の「神代編」には各地に書き残されていた伝説や噂話などが「一書《あるふみ》に曰く」という枕書きとともに羅列されている。その中のセックスシーンをそのまま解釈すれば、立ったまま、すなわち立位で関係したと想像するのがもっとも自然だろう。しかし、その中に1つだけまったく異質の記述が見られる。

「(イザナギ、イザナミは) 遂に交合せんとす。しかし、その術を知らず。時にセキレイありて、飛び来たりその首尾を揺《うごか》す。二柱の神、それを見て学び、即ち交《とつぎ》の道を得つ」

というのである。２人がどうやって関係したらいいのか分からずに困っている時、セキレイがつがいで飛んできて、頭や尻尾を震わせながら交尾した。それを見た２人はセックスの仕方を学んだというわけである。小鳥の交尾は後背位であるから、それに学んだイザナギ、イザナミも当然ながら後背位で結ばれたはずである。つまり日本人のセックスは立位ではなく、後背位からスタートしたということになる。

その結果、日本の伝承の中ではいつしか立位説は無視され、後背位説が脈々と受け継がれることになった。たとえば静岡県三島地方や広島県などではセキレイを神の鳥と称し、みだりに捕まえてはならないものとされている。その理由は神に交合の道を教えた万物の師であり、神の使い以上の存在とされているからという。これに類する風習は熊本県南関地方や岐阜県高山地方でも報告されている（能田太郎編『肥後南ノ関動植物方言及民俗誌』一言社、ほか）。

『倭訓栞《わくんのしおり》』は江戸時代中期の国学者谷川士清《ことすが》が著わした国語辞典だが、その中で士清は伊勢神宮の神衣である「大和錦」にはセキレイの模様があると指摘している。神衣とは伊勢神宮がこの地に創建された時に、同時に納められた衣類を指し、「大和錦」という言葉には「日本で初めて織られた錦」という意味合いも含まれている。そこにセキレイの模様が織り込まれているとすれば、お伊勢さんでも日本人に初めて後背位を教えてくれたセキレイを特別なものと見なしていたのだろう。

小笠原流といえば室町時代から礼儀作法の流派として知られているが、故実にもとづく冠婚葬祭の作法を武家などに教示するようになったのは江戸時代初期である。新婚初夜の決まりごともその一つで、寝所に比翼枕、犬張子、乱箱《みだればこ》、守刀《まもりがたな》、セキレイ台などを置き、床盃が行われることになっている。それが終わると新婦が先に、新郎が続いて床に入るという。

セキレイ台というのは床飾りの一つで、全体は島の形をしている。台上にはセキレイの一つがいが飾られ、根固めとして岩が置かれているというものである。これもイザナギ・イザナミの故事に習ったもので、新婚夫婦が上気してうまくいかない時、これを見て落ち着くようにという配慮から置かれたものといわれている。

江戸の町民も小笠原流にならったか、セキレイ台が結婚式の調度品として欠かせないものになった。

これに対して加賀藩前田家の場合、初夜の儀式は水島流という礼法にのっとっていたが、ここではセキレイ台の代わりに、長さが85センチメートルという長い枕が用意されていた

（1994年6月27日付「北國新聞」）。

これは常識的にいえば、花婿を迎え入れるために花嫁が腰の下にあてるものだろうが、セキレイ台の代わりなら後ろ向きになっている花嫁のヒザの下にあてて、花婿の動きを助けるようにできていたのではないかと想像されている。こうして初夜の後背位という伝承が連綿と受け継がれてきたのである。

一方、セキレイに関する文献資料としては1254（建長6）年に成立した『古今著聞集』巻八の「好色第十一」に、「イザナギ、イザナミの二神婚嫁の事」として、この故事が紹介されている。しかしその後はなぜか、セキレイの体位について語った文献は見当たらない。

後背位の呼び名あれこれ

後背位説には検討すべき問題がもう1つある。それは後背位という呼び方は太平洋戦争後に流布されたもので、『日本書紀』の時代からそう呼ばれていたわけではないということである。とすれば、かつてはどんな名称で呼ばれたのか。

曲直瀬《まなせ》道三《どうさん》（1507年～1594年）は戦国時代の医者で、織田信長や豊臣秀吉、徳川家康にも重んじられる存在だった。彼は戦国時代に『黄素妙論《こうそみょうろん》』という性の指南書を著わし、戦国武将にも歓迎されたが、そこでは後背位を「虎歩勢」と呼んでいる。ただしこの呼び名は平安時代に中国から伝来した「房内篇」(正確には『医心方』全30巻の第28巻が「房内篇」)という性書にあるもので、日本独自の名称ではない。「房内篇」については第3章で詳細に触れたい。

江戸時代に入ると、後背位は「後ろ取り」と呼ばれ、この言い方が定着した。神話の時代から江戸時代以前まで、後背位がどう呼ばれていたか、今のところ見当もつかないが、江戸のエロ文化の社会では「後ろ取り」という言葉が「市民権」を有するにいたったのである。

この体位はとくに妻が妊娠中の夫婦関係として推奨された。1835(天保6)年刊の『艶紫娯拾餘帖《えんしごじゅうよじょう》』(歌川国貞絵)には、「おなかの赤子が太りては、上へ乗るは遠慮なり。後取《うしろど》りを第一とす」とある。江戸時代半ばの川柳では臨月近い妻との関係が「俵持つ身で立開《たちぼぼ》のうしろどり」と詠まれている。

1780(安永9)年に刊行された平賀源内の『風来六部集・痿陰隠逸伝《なえまらいんいつでん》』には「前より交《しめ》しを前九年といい、後接《うしろどり》を後三年と云ふ」とある。これが1051(永承6)年の前九年の役と1083（永保3）年の後三年の役をもじった表現であることはいうまでもない。

また「後ろ取り」は「一の谷」とも呼ばれた。源平の合戦で、源義経はわずか70騎の兵とともに平家が陣取る一の谷を裏から攻めて敗走させた。その故事にならったもので、後ろから攻めるというわけである。「提灯で夜通し攻める一の谷」という川柳はその情景を指している。

第2話　混浴とフリーセックスで生まれた神々

入浴は禊ぎであり、乱交だった

いまだ風呂のなかった時代には、人々は一日の労働で汗まみれになったり、泥で汚れたりした体を川で洗い、近くに温泉がある場合には温泉で流していた。これを川浴《あ》みや湯浴みと呼び、2つを合わせて「湯川浴み」と呼ぶこともあった。

湯浴み、川浴みが定着するにつれ、禊《みそ》ぎなどの宗教的な意味合いで行われることも多くなったから、「斎川浴《ゆ》み」という字が使われることもあった。斎とは潔斎して神に仕えるという意味である。「斎戒沐浴《さいかいもくよく》」という言葉は現代でもしばしば使われるし、修行者が滝に打たれて修行したり、空手など武道の選手が厳寒の時期に海に入って修行する姿もなじみ深いものである。それらは湯浴み、川浴みの伝承された形である。

湯浴みや川浴みは性風俗の面でもきわめて特徴的だった。先《ま》ず、いつでも混浴で、しかも大人数で盛大に行われていたことは、全国の「風土記」や「風土記逸文」の記録からも

鹿島神宮の「みたらし」（『木曽路名所図会』より）

明らかである。

上の絵は1805（文化2）年刊の『木曽路名所図会』にある鹿島神宮（茨城県）の図で、「みたらし」という詞書《ことばがき》が記されている。みたらしとは神社に詣でる前に禊ぎのために手を洗うことで、「御手洗」と書くが、この絵は鹿島神宮におけるみたらしが、禊ぎという宗教的な意味合いと混浴を兼ねた水浴びであったことを物語っている。19世紀に入ってからでもこのムードなのだから、古代になればなるほど、禊ぎと混浴とはさらに分かち難いものだったことが想像される。

それと同時に混浴はフリーセックスの場も兼ねていたようだ。古代のフリーセックスとしては第2章で紹介する「歌垣《うたがき》」が知られているが、それは神話の時代から有史時代への移行の過程で混浴から分化したものであって、神話の時代には混浴とフリーセックスが渾然一体となっていたことが想像される。

その想像を裏打ちさせてくれるのが、黄泉《よみ》の国にイザナミを訪れたイザナギが彼女の醜悪な姿に恐れをなして逃げ帰ったシーンである。やっとの思いでイザナミの追撃を振り切ったイザナギは、九州にある小戸《おど》の橘《たちばな》というところの河口に出向いて、穢《けが》れを洗い流すための禊ぎを行うのだが、そこで生まれたのが八十《やそ》枉津日神《まがつひのかみ》、神直日神《かむなおびのかみ》、大直《おおなお》日神、底津少《そこつわたつ》童命《みのみこと》、底筒男《そこつつのおの》命、中津《なかつ》少童命、中筒男《なかつつの》命、表津《うわつ》少童命、表筒男《うわつつの》命の9人の神である（この辺の記述の場合、『古事記』と『日本書紀』では神の名称が異なっているが、ここでは『日本書紀』に従う）。さらに左目を洗ったところ天照大神《あまてらすおおみかみ》が生まれ、右目からは月読《つくよみの》命、そして鼻からスサノオ命が生まれたとされている。

百済勢力の台頭を示す混浴の神話

このシーンを別の角度から眺めてみると大きな問題が浮かび上がってくる。これまでイザナギはイザナミとの性的な関係によって、淡路島や九州など日本の島々をもうけてきたが、その後、イザナギはイザナミの追撃から逃れるために持っていた杖を投げ捨てたり、帯を捨てたり、さらには衣類を脱ぎ、履《はきもの》を脱いで疾走した。これらの杖や帯は異界やほかの村との境界となり、衣類は疫病神という神様になったり、履は大地を司る神になったという。これらの抽象的な神は、現代の用語でいえば背後霊や地霊といったものに属するもので、人間の精神作用が生み出す呪力を表しているという点で共通している。

そしてその後に初めて「人間の神」が誕生するのだが、問題はこの禊ぎによって生まれた神々が象徴している意味合いである。

天照大神と月読命、スサノオ命の3人は、記述のされ方から推測して同じ母親から生まれた兄弟であることが想像されるし、事実、スサノオ命が八俣《やまた》の大蛇《おろち》を退治するシーンでは、自分のことを「天照大神の同母の弟《いろせ》」と名乗っている。しかも天照大神は太陽神であり、月読命は夜の世界の統治者、そしてスサノオ命は海原の支配者と日本最高の権力者である。だが、八十枉津日神と神直日神、大直日神の3神に関する記述は意味不明で、読み方によっては天照大神、月読神、スサノオ命の従者のようにも受け取ることができる。さらにその後に挙げられた6神は明らかに格下の、地域限定の神である。たとえば底筒男命、中筒男命、表筒男命の3神は摂津国（現大阪市）住吉大社だけに祀られる神であり、底津少童命、中津少童命、表津少童命の場合、「阿曇連《あずみのむらじ》らが祭れる神なり」とある。阿曇連とは筑前国（現福岡県）宗像大社をホームグラウンドとしていた海の民である。

となれば役割が曖昧な3神は別として、住吉大社だけに祀られる神と、阿曇連らが祀れる神とは少なくとも母親が違っているはずだし、後世の後宮のあり方から類推すると、住吉大社に祀られた3人の神もそれぞれに違う母親の子と考える方が自然である。その点は阿曇連らが祀れる神の場合も同様であり、禊ぎの場で違う女性との間に次々と子どもが生まれたのだから、これは混浴やフリーセックスを抜きには考えられない。

もう1つ注目すべき点は、これらの記述が示している百済との密接な関係である。住吉大社は神功《じんぐう》皇后によって創建されたと伝えられる神社であり、皇后は百済人の支援を受けて新羅征伐を試みた。また阿曇連は古代の豪族で、7世紀の中頃には使者として百済に派遣されたほか、舒明《じょめい》天皇の崩御（641年）の際には百済の弔使の接待役を務めたり、661（斉明天皇7）年には百済救援軍の将軍として朝鮮に渡るなど、百済との関係がきわめて濃厚な部族である。

とすればこの禊ぎから生まれた神々のエピソードは、日本における国家権力の成立と、その中核をなしている部下のことを説明したものといえるのではないだろうか？

ここで語られているのは、日本の国造りは百済勢力の台頭によって実現できたということとであり、それは湯浴み、川浴みという混浴の風土の中から発生したことを示しているのだ。それが単に話を分かりやすく説明するためになされた設定であっても、混浴の風土がこの国にいかに定着していたかを示していることには変わりがない。

後世で祭りとなった神様の湯浴み

1809（文化6）年頃に刊行された『摂陽見聞《せつようけんもん》筆拍子』（巻五）には、住吉大社の「うしお湯」という行事が紹介されている。同神社では毎年7月30日を中心に盛大なお祭りが催され、神社の前に広がる長峡《ながお》の浦で、神輿《みこし》の渡御《とぎょ》が行われるが、「その日は前の海がうしお湯となりて、諸人浜に行き湯浴みする」というのである。このお祭りが神話時代の湯浴みの伝承を受け継いでいることは容易に想像されるところである。

なお『摂陽見聞筆拍子』より13年前の1796（寛政8）年に刊行された『摂津名所図会』には同じ行事が「泥湯」という名称で紹介されている。その絵を見ると、海岸で水浴びをする庶民のほかに浅瀬の泥をもっこでかついでいる人物も描かれている。「泥湯」という名称はこの泥を頭からかぶったことに由来するのかも知れない。

大阪・住吉大社の「泥湯」（『摂津名所図会』より）

1911（明治44）年7月13日付「大阪朝日新聞」によれば、この頃にもやはり「泥湯」と呼ばれて、遠浅の海岸で数百人の老若男女が全裸姿で真っ黒な泥水を頭から浴び、体中に塗り付けていたという。祭りの期間中には泥湯を浴びる参拝者は数知れず、まだ汽車が開通して間もない頃というのに、大阪界隈はもちろん丹波や丹後からも客が押し寄せて、大変なにぎわいだったという。

うしお湯が温泉かどうかは明確ではないが、仮に大昔は温泉が湧き出ていても、明治時代にはすでに枯渇していたようだ。堺市の海岸には奈良時代の名僧・行基が開いたという「塩湯」もあり、この水を沸かして湯浴みすると万病に効験ありとして有名だった。「塩湯」は開かれた当時は海岸に湧き出ていた温泉だったが、その後枯渇したため沸かすようになったとも伝えられる。

そもそも紀伊半島は地図を開いても分かるように、火山がまったくないのに南紀白浜や龍神温泉、湯の峰温泉、川湯温泉など温泉の数はすこぶる多い。その理由の解明は地学上のテーマだろうが、そういう土地柄だけに「昔は温泉が湧き出ていたが、いつの間にか出なくなった」という話もあちこちに伝わっている。

第3話　ストリップの始祖・天鈿女命

爆笑もののの裸踊りがこの世を救った

天照大神が天の岩戸に引きこもった時、その岩の前で天鈿女命《あまのうずめのみこと》がストリップを演じたという話は、日本の神話の中でもっともよく知られた一つである。これが日本におけるストリップの第1号だが、では、記念すべきその「公演」はどのように行われたのだろう。『記紀』の記述によって、そのシーンを再現してみたい。

先ず、天照大神が天の岩戸に引きこもった理由について『古事記』は次のように伝えている。天照大神の実弟であるスサノオ命は乱暴狼藉が絶えず、天照大神の作る田んぼの畦《あぜ》を壊し、大嘗祭《だいじょうさい》（その年の新穀を神に捧げる祭儀。現在は新嘗祭《にいなめ》という）が行われる御殿に大便をまき散らした。さらに天照大神が神衣を織っている時には、その織り屋の屋根に穴を開け、皮を逆剝ぎにした馬を投げ入れた。織女《おりめ》はそれを見てびっくりし、杼《ひ》（機織りに使う器具）が女陰に突き刺さって死亡した。これに激怒した天照大神が天の岩戸にこもったため、世の中は真っ暗闇になり、あらゆる災いが起こったという。

そこで、何とか天照大神を引っ張り出すために、天鈿女命のストリップが始まるのだが、その前に触れておきたいことがある。『古事記』では、織女が「杼に陰上《ほと》（女陰のこと）を衝きて死にき」とあるが、『日本書紀』によれば「（天照大神が）杼をもってわが身を傷つけ……」となっている。杼が自分の手か足に突き刺さったというわけで、「杼が織女の女陰に突き刺さって」というより、よほど上品な表現である。これも『日本書紀』が「正史」である故だろう。

その後、長鳴き鳥を集めて、いっせいに鳴かせてみたり、天の鉄山《かなやま》の鉄で鏡を造ったり、無数の勾玉《まがたま》をヒモに通して玉飾りを造るなど、知恵をこらして天照大神の興味をひこうとしたが、まったく効果がなかった。そこで天鈿女命がストリップを演じることを名乗り出たのである。

「（天鈿女命は）天の岩屋の戸にうけ（桶の転訛した言葉）を伏せて踏みとどろかし、神懸かりして胸乳を掛き出し、裳《も》の緒を女陰《ほと》に忍し垂れき」（『古事記』）

要するに岩屋の戸の前に桶を置いて、これをドーンドーンと踏みならし、おっぱいや女性器も丸出しにして踊ったというわけである。その光景に集った八百万の神々は大声で笑い転げ、その騒ぎを気にした天照大神が岩戸を少しだけ開けたところを手力雄命《たぢからおのみこと》という力持ちの神が戸をこじ開けて、外へ連れ出したのであった。この描写を例によって『日本書紀』と比較すると、こちらには「天の岩戸の前に立ち、巧に俳優《わざおぎ》をなす」とだけある。

いずれにしろ、天鈿女命のパフォーマンスによってこの世は再び光を取り戻し、五穀豊饒、病魔退散を実現することができた。平安時代中期に編さんされた『延喜式』（律令の施行細則）によれば、以後、宮廷で行われる古代の鎮魂祭には、巫女《みこ》たちが「うけ」を伏せた激しい踊りを奉納することが慣わしとなり、天鈿女命の子孫である猿女《さるめ》も参加したという。宮廷の鎮魂祭でストリップが演じられることはなかっただろうが、天鈿女命のストリップはそれくらい記憶されるべきできごとだったのだ。

巨根顔の神様との元祖国際結婚

天鈿女命がストリップを演じたことは、もう1度記録されている。天照大神が葦原《あしはらの》中国《なかつくに》を治めさせるためニニギ命を降臨させたところ、高天原《たかまがはら》と葦原中国の分かれ道に1人の神がいた。そこで天照大神は天鈿女命に「相手が何者か尋ねてくるように」と指示した。『記紀』の記述はそこから対照的になるのだが、不思議なことに今回は『日本書紀』の方がはるかに「エッチ」で、『古事記』の表現はきわめて上品である。

たとえば『日本書紀』には、「(天照大神の命を受けた) 天鈿女命は自分の胸乳を露わにし、裳のヒモをへその下に押し垂らして、大笑いしながらその神に向かい合った」とある。つまり乳房を露出し、女性器の前をひらひらさせながら相手に近づいたというわけである。

一方、『古事記』の場合、「お前はか弱い女だとはいえ、敵対する神に面と向かってにらみ勝つ神である」と、天照大神が天鈿女命に命令する件だけが記されている。

分かれ道で待っていたのは猿田彦命《さるたひこのみこと》だった。猿田彦命は「国つ神」と呼ばれる地方(琉球系といわれる)の部族だったが、「天つ神」と呼ばれる天照大神に率いられる中央政府との戦闘に敗れてしまった。このため恭順の意を行動で示そうと、道案内を務めるつもりで待機していたのであった。猿田彦命が天鈿女命の意表をつく行動にどのように対応したかは不明だが、こうして日向(現宮崎県)における「天孫降臨《てんそんこうりん》」(ニニギ命が天照大神の命を受けて、天上界である高天原から地上界へ降り立ったこと)が無事に実施されたのである。

その後の天鈿女命の消息は民間伝承の中で言い伝えられている。先ず、道案内を終えた猿田彦命は天鈿女命と結婚、宮崎県高千穂町の荒立宮(現在の荒立神社)で式を挙げたという。猿田彦命は7尺（約2メートル）にも及ぶ大男で、顔は赤面、鼻は1尺（約30センチメートル）に達し、まるで巨大な陽根（ペニス）を彷彿させた。現代の天狗のイメージは猿田彦命の顔貌をもとに造られたものという。

この結婚は「国際結婚」の第1号とされている。当時、「天つ神」の国と「国つ神」の国は、それぞれに違う国であった。「天つ神」の国に属する天鈿女命が、「国つ神」（地方）の国の猿田彦命と結ばれたからである。2人が式を挙げた荒立神社は、現在でも国際結婚がうまくいくというご利益で知られている。

京都じゅうに陰部丸出しのお地蔵さんが

ただしこの結婚によって、天鈿女命の運命は激変することになった。なぜなら勝者の側の天鈿女命が敗者の猿田彦命と結婚したからである。いわば「天つ神」の国からドロップアウトして、卑しい「国つ神」の住人に身を堕《お》としたのであった。天鈿女命は天の岩戸におけるストリップによって俳優の第1号ともされているが、芸能者が「河原者」として差別されるようになったのも、あるいはこの結婚のせいかも知れない。そのように考えると、『日本書紀』の記述がこのストリップについてだけ露骨に描かれているのも、そういう状況を反映しているように思われる。

しかし庶民の間では、天鈿女命と猿田彦命のカップルは身分を越えた愛の象徴、男女の和合のシンボルとして歓迎されることになった。

その思いを形に表したものが「道祖神」である。道祖神とは道路沿いの四つ辻などに置かれている石像で、本来は男根形の石像だったが、平安時代以降、お地蔵さんの形をしたものに代わった。これにも1人のお地蔵さんを彫った「単体地蔵」と、男女２人が彫られた「双体地蔵」があり、後者が天鈿女命と猿田彦命のカップルをモデルにしたものと伝えられている。

平安時代には木製の道祖神もあったらしく、『本朝世紀』９３８（天慶元）年９月２日の条に、

「東西両京の大小路衢《ろく》に木を刻み神を作る」

という記述が見えている。路衢とは四つ辻のことで、猿田彦命は「天つ神」と「国つ神」の境界にある四つ辻で天鈿女命と出会ったという故事にならったのである。この木製人形は頭上に冠をかぶり、体部は丹《に》（赤色の顔料）で塗られていた。顔も陰部も、きちんと男女の区別がなされていたという。同書には「臍下腰辺に陰陽を刻み、又は絵を描きて

……」とあるが、京都の四つ辻は平安の昔から相当数に上った。その1つ1つに陰部を露出したお地蔵さんが鎮座ましましたわけで、さぞや盛観だったことだろう。

また双体道祖神は関東地方から甲信越地方に多く、中には性交の様子を彫り込んだものも見られる。これらの地方に多い理由は、古代にはこの地方に多くの外国人（渡来人）が移住してきたため、原住民との和合を願ったものという説もあるという。

ちなみに天鈿女命を祭神とする神社は椿大神社の鈿女本宮（三重県鈴鹿市）、鈿女神社（長野県北安曇郡松川村）、芸能神社（京都市右京区の車折《くるまざき》神社内）、それに前述した荒立神社など、全国にたくさんある。伊勢神宮の内宮など、各地の神社には「宮比神《みやびのかみ》」を祀るところも多いが、「宮比神」も天鈿女命の別名とされている。これらの神社はいずれも芸能にご利益があるとされているが、ほかに性愛の成就に霊験ありとされていることはいうまでもない。

第4話　鳥居は女の大股開き

神社は女性器あるいは子宮

神社には鳥居がつきものである。しかしわれわれは神社にお参りして鳥居の下をくぐる時、鳥居はなぜ、あんな形をしているのだろうとか、そもそも鳥居とは何なのだろうなどと考えたことがあるだろうか？

まして鳥居は「女性が大股開きをしている姿」なのだという思いで見たことが……。

実は鳥居の形は、女性が男を迎え入れるために股間を開いている形だという説があるのだ。

『夏至祭』『岬の蛍』などの純文学作品で知られる佐藤洋二郎は、地方の神社を丹念に回って、そこから日本の姿を見つめ直そうという作業を試みた作家である。その成果を『沈黙の神々』（松柏社）にまとめているが、神社巡りの過程で感じた思いを「鳥居をくぐって」と題する新聞に寄せたエッセイで、こう述べている。

「神社全体は女性の子宮にたとえられている。男性が水垢離《ごり》、湯垢離をして体を清め、参道を行ったり来たりしてお願いごとをする。鳥居は女性が股を広げている格好で、上部に神社名があるところは、女性の敏感なところだとも言われている。そこを身を清めた男性が行き来するのは、男女がセックスをする姿だ。境内に男性の性器をかたどったものがあったり、二つに分かれた樹の股を大切に扱ったりするのもそのためだ」（２０１４年11月25日付「東京新聞」）

　同様の意見をもう1つ紹介する。イスラエル人で、世界一の浮世絵コレクターといわれるオフェル・シャガンは『わらう春画』（朝日新聞出版）の中で、神社の建築には性的なメッセージが込められているとして、鳥居に関して次のような意見を述べている。

「（そのメッセージとは）鳥居は女性の肢体、門の上にある開口部が女性器を表しているとか、正面から見た際に、神社自体が鳥居の二つの柱、つまり足の間に挟まれた女性器であるといったもので、春画に描かれた様々なシーンの中からも、この説を裏付けることができるかもしれない」

　つまり日本の純文学の作家と春画のコレクターである外国人という異なる文化的背景を持つ2人が、鳥居に関して、まったく同じイメージを抱いたのである。そして歴史をそのような目で見直すと、鳥居とエロティックなイメージとはずいぶん昔から結びついていたことに気づかされる。

神道辞典に「鳥居は陰陽交感の表れ」

そこで資料に表れた鳥居のルーツから拾い出してみると、『国史大辞典』によれば、鳥居という言葉が資料に表れるのは平安時代の922（延喜22）年、『和泉国大鳥神社流記帳』に「鳥居肆基《しき》」とあるのが早い例だという。ここは全国にある大鳥神社の総本社で、和泉国（現大阪府南部）の一宮とされていた。ただし、それ以前に何と呼ばれていたかについてはこの辞典では触れられていない。

その理由として、鳥居はいつ頃生まれたのかという起源が判然としないことも影響しているようだ。源順《みなもとのしたごう》編の『倭名抄《わみょうしょう》』は平安時代中期の承平年間（931年〜938年）に造られた辞書であるが、「鳥居のもとはキジの巣から始まる」という意味の説明がなされている。しかし、この記述では物足りなさがますます募る。これに対して江戸・寛政時代（1789年〜1801年）に刊行された『神武権衡録《けんこうろく》』（松下郡高著）の場合、

「人皇十代までは宮社という事なし。……上代には鳥居は質朴な門であり、竹でも木でも

二本の柱がたっていればよかった」

とある。こちらの方が何となく納得できそうな気がするが、それはあくまで印象批評でしかない。

一方、鳥居がエロティックなシンボルだという説は、神道関係者の間で古くから語られていたようである。四田《ひきた》以正《これまさ》は江戸時代前期の神道学者で、神道の有力な流派の一つである吉田神道の大家として知られている。彼は1702（元禄15）年、『神道名目類聚抄』という神道に関する辞典（全6巻）を刊行したが、鳥居は同書の巻一「宮社」の項で社殿、神木などと共に扱われており、その起源について2つの説明が並記されている。すなわち、

「日神天（天照大神のこと）、天の石窟にこもり給いし時、八百万神、謀りて出御あらんことを祈り給い、ついに木を石戸の前に建て、鶏をその木の上に居させて鳴かせた。この木がすなわち鳥居の初なり。鳥が居るゆえに鳥居という」

「あるいはいう。鳥居は陰陽交感の表れなり。左の柱は陽、右の柱は陰、木をその上に通すのはこれ、すなわち陰陽交感の理なり」

というものである。第1の説明に従えば、天鈿女命が天の岩戸の前で日本初のストリップを演じた時、岩戸の前に木を立てニワトリを留まらせて鳴かせた。この木が鳥居の第1

号で、鳥がいたから鳥居といったのだというわけである。第2の説については今さら説明を付け加える必要もないだろう。あるいはイザナギ・イザナミの「国生み」の舞台となった天の御柱から着想されたイメージかも知れない。

謡曲「野宮」に見る鳥居と女性器

1772（明和9）年刊の『謡曲拾葉抄《ようきょくしゅうようしょう》』は能研究の大家、犬井貞恕《ていじょ》の手になるもので、能が演劇の一ジャンルとして確立されたのに伴い、能の脚本である謡曲の鑑賞の手引きといった意味で作られたという。数ある能の作品の中から101の作品が選ばれているが、その中で「野宮《ののみや》」という謡曲に関する注釈は、鳥居と女性器との関係をいっそう強調したものになっている。

その点に触れる前に簡単にあらすじを紹介すると、晩秋のある日、旅の僧が嵯峨野にある野々宮の旧跡を訪れた。ここは伊勢神宮の斎宮として、生涯、処女のまま過ごすことが定められている天皇の娘が精進潔斎をする場である。

昔そのままの黒木（皮のついたままの木）の鳥居や小柴垣を眺めていると、上品な女性が現れて、「今日は昔を思い出して神事を行う大切な日だから、立ち去るように」と頼む。

僧が「昔を思い出すとはどういうことか」と尋ねると、かつてこの館に籠もって修行していた六条御息所《みやすどころ》を光源氏が訪ねてきたのがこの日だと告げ、自分こそがその御息所だと明かして、懐かしそうに昔の物語を語った後、姿を消すというストーリーである。処女であるべき斎宮の恋の思い出を優雅に描いた作品で、能の名曲の一つとされているという。

では、優雅な能の名曲のどこが鳥居と女性器との関係を示しているかといえば、『謡曲拾葉抄』には、こうある。

「神社の前の鳥居より宮中（神社の神域）に入ることとは、迷い多き衆生が肉身を捨て、大日世界へ生まるるようなものである。なぜなら鳥居は女の女佷を表したるものなりと見えたり。されば鳥居を入る時は阿字観をこらすものなり……」

文中「鳥居は女の女佷を表したるものなりと見えたり。されば鳥居を入る時は阿字観をこらすものなり……」とあるが、女佷とは女の精髄といった意味で、女性器を表すものと思われる。つまり鳥居をくぐることとは女性器を通して大日如来の世界へ生まれ変わることを意味しているから、宇宙万物の真理を体得するのだという覚悟を表すために「阿」の字の印を結ぶのが慣わしだというわけである。それは肉欲を捨て去ることによってしか実現できないが、現実にはなかなか困難である。旅の僧は伊勢神宮の斎宮となるための精進潔斎の場で、光源氏との恋の様子を懐かしく思い出している庵主と会話を交わしながら、自らの性器に対する執着を捨てきれないでいる女の業に思いを馳せているのである。

民俗学者の戸川安章によると、鳥居を女性器に見立てる考え方は出羽三山（湯殿山、羽黒山、月山《がっさん》）の修験道の中に、今でも生きているという。修行のため羽黒山へ籠もるという前日、修験者は笈《おい》（仏具・衣類・食器などを入れて背負う籠）の前に小型の鳥居を置く。これは女性が陰部を開いた形であり、修験者は印を結んで仏の加護を祈念し、ア・ウンの声とともに体を鳥居の前に投げ出す。これは男性が性交によって女性の体内に射精したことを表し、ア・ウンの声は快楽の叫びなのだという。

ちなみに「ア・ウン」の声がなぜ性的な快楽を表すかといえば、イザナミ・イザナギが天の御柱を回って関係した時、2人は「ア・ウン」と快楽の声を発した、羽黒山の修験はその故事にのっとっているのだとも、戸川は指摘している（戸川安章『修験道と民俗宗教』岩田書院）。

第5話　あの大黒さまが夜這いの元祖

女の家の板戸を揺さぶる大黒さま

〽大きなふくろを　肩にかけ
大黒さまが　来かかると
ここにいなばの　白うさぎ
皮をむかれて　あかはだか

という唄は日本人になじみの深い童謡の一つである。ワニをだまそうとしたことがバレて、全身の皮をむかれたウサギが、通りかかった大黒さまの親切によって助けられるという歌詞で、大黒さまのやさしさが子ども心にしみ入る歌である。

その大黒さまには、エロの面でもう1つの顔があった。日本初の夜這いを行った男が、実は大黒さまなのである。

大黒さまは『古事記』の中では、さまざまな名前で呼ばれている。大国主命《おおくにぬしのみこと》や大穴牟遅神《おおあなむなちのかみ》とも呼ばれ、八千矛神《やちほこのかみ》という呼び名もある。

『古事記』によれば、大国主命は出雲でスサノオ命の娘の須勢理毘売《すせりひめ》と結婚していたが、出雲から遠い遠い高志《こし》の国（越後国）にいる沼河比売《ぬなかわひめ》をモノにしたいと思って、早速出かけていった。「高志の国に賢《さか》し女を有りと聞かして、麗《くは》し女を有りと聞こして、さ呼ばひに有り立たし、呼ばひに有り通はせ……」（『新編日本古典文学全集・1　古事記』小学館）

というわけで、これが「夜這い」の公式記録の第1号である。ここでは「呼ばひ」と訳されているが、原文には「用婆比」という文字が使われている。

なぜ公式記録と表現するかといえば、この直前にも夜這いのことと推測されるエピソードが紹介されているが、そこには夜這いの文字が見当たらないからである。この点については後に触れる。

八千矛神は出雲から越後まで遠路はるばる出かけたものの、女性は簡単にはなびかなかったらしい。「乙女の寝ている家の板戸を何度も押し揺さぶったり、引っ張ったりした」と『古事記』には記されている。それでも反応がなく、遂《つい》に山ではヌエが鳴き出したため、八千矛神は家の中にいる沼河比売に次のような歌を贈った。

「野のキジが鳴き騒ぎ、庭ではニワトリも鳴いている。いまいましい鳥たちめ、こんな鳥は打ち殺して、鳴くのを止めさせて欲しい。空飛ぶ鳥たちよ、(家の中にいるお方に)そう伝えて欲しい」

これに対して女性からも歌が返された。

「八千矛神よ、私は女で、萎え草(なよなよとした草)のような存在です。私の心は入江の中の砂地にいる鳥のようなものので、今は我がものですが、後にはあなたのものになりましょう。だから鳥の命はお殺しにならないように、空飛ぶ鳥よ、そう伝えておくれ」

さらに沼河比売は、次のような歌も贈った。

「緑濃い山に日が隠れたなら、(ぬばたまの)夜になりましょう。朝日のように満面にこやかな笑みを浮かべておいでになり、私の白い腕を、沫雪のような若々しく柔らかな胸をそっと叩き、愛しがり、玉のような手をさし交わして枕にし、足を伸び伸びと伸ばしてお休みなさいましょうにむやみに恋いこがれなさいますな、八千矛神よ」

この歌をもらった八千矛神はその夜の夜這いをガマンして、明くる日の夜に思いを達したのであった。

『竹取物語』にも登場する夜這い合戦

もっとも夜這いの第1号という評価には2つの注釈が必要である。

先ず問題にしたいのは、出雲からはるばる越後国まで夜這いに出かけたという一節である。普通、夜這いとは同じ村か、せいぜい隣村の娘のもとへ出かけることを指すもので、これでは大がかりな遠征旅行である。どうしてこのような、大げさな記述がなされたかといえば、この話は「日本」という国家が形成されていく過程で、地方の有力者が徐々に中央の勢力に従属させられていった事実を「夜這い」というたとえ話によって説明しているのである。

心すべきもう1つの点は、このエピソードは大黒さまが皮を剝がれた白ウサギに治療法を教えてあげたという話のすぐ後に登場するが、『古事記』の記述によれば、大黒さまが白ウサギに遭遇した時も、因幡国（現鳥取県）にいる八《や》上《かみ》比《ひ》売《め》という美しい女性のもとに夜這いに出かける途中だった、と推測されることである。「推測される」などと曖昧な表現をするのは、この夜這いでは大黒さま（この時は大穴牟遅神と呼ばれていた）の多くの兄弟が競い合っていて、大穴牟遅神もこの「レース」に参加していたが、夜這いという言葉が使われていないからである。

1人の女性を巡って男たちが「夜這い合戦」を繰り広げることがあったのは、平安時代にできた『竹取物語』からも明らかである。『竹取物語』の方はかぐや姫を巡る男たちの「夜這い合戦」の話で、夜這いでは決着がつかなかったため、男たちに日本各地の珍品を献上させるということになった。これに対して八上比売を巡る争いでは、大穴牟遅神は兄弟たちの謀略によって2度も殺されるが、その度に別の神の力によって蘇生がかない、ついに比売を手に入れることができたことになっている。とすれば八上比売を巡る物語が、兄弟による「夜這い合戦」であることは、『竹取物語』などとの類推からも明らかである。

夜這いを待ち焦がれた女性歌人

ところで夜這いに来る男のことを、女性の方はどういう思いで受け止めていたのだろう。そのヒントとなる歌も『万葉集』には見えている。

『万葉集』巻四に、代表的な万葉歌人の1人である大伴坂上郎女《おおとものさかのうえのいらつめ》の、「佐保川の小石踏み渡りぬばたまの黒馬の来る夜は年にもあらぬか」という和歌がある。『国史大辞典』によると、郎女は最初の夫の穂積皇子から熱烈に愛されたが死別。藤原不比等の四男の麻呂から妻問《つまどい》を受けたというから夜這いをかけられたのであろう。藤原麻呂との関係がどれくらい続いたかは不明だが、この作品はその間に詠まれたもので、「佐保川の小石を踏み渡って君の黒い馬の来る夜は、一年中いつもあって欲しい」という意味である。ここでは黒馬は藤原麻呂の持ち馬であることがはっきりしているが、『万葉集』巻十三にこの歌を受けた形の作品が採られている。

「川の瀬の石踏み渡りぬばたまの黒馬の来る夜は常にあらぬかも」

という歌がそれで、「川の瀬の石を踏み渡って黒馬の来る夜が、いつもいつもあって欲しい」という思いが吐露されている。そしてこの歌の場合、黒馬の主は藤原麻呂個人ではなく、夜這いに来る男一般を指していることは明らかである。つまり「黒馬の騎士」こそ女性を夢の世界へとエスコートしてくれる憧れの存在だったのだ。

少女マンガの影響などにより、女性の憧れの男性が「黒馬の騎士」から「白馬の騎士」へと変化したのは昭和30年代、それから1200年後のことであった。

第2章

歴史の始まりとエロ

飛鳥〜奈良時代

第1話 『風土記』に見る混浴ブーム

1300年前の温泉で起きた大行列

日本のエロの歴史には夜這いや雑魚寝、あるいは後述する歌垣など、フリーセックスの民俗がさまざまな形で残っている。その根源を突き詰めていくと、つまるところ混浴にたどり着く。

混浴は第1章でも触れたように、温泉につかる場合は「湯浴み」、川での水浴びは「川浴み」と呼ばれ、両者を合わせた「湯川浴み」という言葉も使われた。混浴は男女の裸の付き合いであり、人間の社会的な地位や貧富の差、相手を武力でやっつける能力といったこととは関係のない風習である。混浴が盛んなことはこの国の文化的な基盤として、現世の価値観とは異質な価値観が流れていたことを想像させる。

『出雲国風土記』に報告されている混浴の記録は、その伝統がはるか古代から根付いていたことを示している。「風土記」とは各国の地名とその由来、特産品や動植物の種類、伝説などを記録したもので、713（和銅6）年、朝廷が全国に命令を発して作成させたものである。現存しているのは5つだけだが、ほかに一部だけが伝わっているものが相当数あり、それらは「逸文」と呼ばれている。

その中でも『出雲国風土記』は733（天平5）年2月に完成して以来現在に至るまで、書写する際のミスや改変などがなく、完全な形で伝わっているという貴重な資料である。

同書には混浴のエピソードが2つ紹介されている。1つは意宇《おう》郡の忌部《いんべ》の神戸の条にある話で、もう1つは仁多《にた》郡にある斐伊《ひい》川べりの温泉のエピソードである。ここでは植垣節也校注の『新編日本古典文学全集・5　風土記』（小学館）から引用させてもらう。

「川の辺に出湯あり。出湯の在る所、海陸を兼ねたり。仍りて、男も女も老いたるも少《わか》きも、或意は道路に駱駅《つらな》り、或意は海中を洲に沿い、日《ひ》に集ひ市を成し、繽紛《まが》ひて燕楽《うたげ》す。一たび濯《すす》げばすなわち形容端正《かたちきらきら》しく、再び沐《ゆあみ》すればすなわち万《よろず》の病悉に除《い》ゆ。古《いにしえ》より今に至るまで、験《しるし》を得ずといふことなし。故《か》れ、俗人《くにびと》、神の湯と曰ふ」

（川のほとりに温泉がある。温泉のある場所は［潮の干満に応じて］海にもなり陸にもなる境目のところである。だから、男も女も老人も子どももも、ある時は道路に行列を作り、ある時は海中を浜に沿って歩いて来て、毎日毎日集るので市が立つほどであり、［彼らは」歌い乱れて酒宴をひらく。ひとたび湯をあびればただちに端正な美しい体になり、再び湯あみすればどんな病気もすっかり治る。大昔から今に至るまで、効き目がなかったということがない。だから、土地の人は、神の湯といっている）

植垣によると、これは現在の玉造《たまつくり》温泉（島根県松江市）にあたるという。玉造温泉は現在、美肌効果のあるところとして女性に人気があるが、「ひとたび湯をあびればただちに端正な美しい体になり……」という記述からすると、その効能はこの頃から知れ渡っていたのである。

続いて斐伊川べりの温泉についてはこうある。

「川の辺に薬湯あり。一たび浴《ゆあみ》すればすなはち身体穆《み》平《やわら》ぎ、再び濯《すす》げばすなはち万の病消除《い》ゆ。男も女も老いたるも少《わか》きも、昼も夜も息《や》まず、駱駅《つらな》り往来《かよ》ふ。験《しるし》を得ずといふことなし。故《か》れ、俗人《くにびと》号《なづ》けて、薬湯と云ふ」

（川のほとりに薬湯がある。一たび入浴すればただちに体はゆったりとし、再び入ると、あらゆる病気がただちに消え去ってしまう。男も女も老人も子どもも、昼も夜もとぎれることなく、行列して行き来する。効き目がなかったということがない。だから土地の人は名づけて薬湯といっている）

こちらは湯村温泉（現島根県雲南市）を指しているという。『出雲国風土記』に記載されている内容は700年前後の話と推測されるが、1300年前の山陰地方で、混浴の客が行列をなしている上、玉造の場合、客目当ての市が立っていたというのだから、そのにぎわいは現代からは逆に想像しにくいほどである。天平時代には混浴はそれほどポピュラーなレジャーだったのである（拙著『混浴と日本史』筑摩書房）。

とすれば、ほかの温泉地ではどうだったのだろう。現在でも著名な温泉地で、天平時代どころか、縄文時代から利用されていたことが確認されている温泉が日本には沢山ある。長野県の諏訪温泉や湯田中温泉、群馬県の草津温泉、愛媛県松山市の道後温泉などはその例で、諏訪温泉からは6000年前の縄文人の生活の痕跡が発見されているし、湯田中温泉は縄文時代から原湯が地面に湧き出していたと考えられている。さらに草津温泉や道後温泉は隣接して縄文時代の遺跡があることで知られているほか、縄文遺跡のすぐそばに温泉があるところは北海道岩内町のコタン温泉遺跡を始め、全国に点在している。

日本の温泉は縄文時代から玉造温泉のようなにぎわいを見せていたと想像することは無理としても、縄文時代の人々も、現代人の通俗的な価値観と無縁な気持ちで混浴を謳歌していたと想像することは十分に可能なはずである。

混浴の精神が渡来人を受け入れた

これは温泉地だけの話ではない。『出雲国風土記』には「沐《ゆあみ》」の例だけではなく、「水浴み」の名所として「邑美《おほみ》の冷水《しみず》」と「前原《さきはら》の埼《さき》」が紹介されている。「邑美の冷水」は現在の松江市大井の大海崎にあたり、

「東と西と北は山に囲まれ、みなけわしい。南の海は広々として、中央に潟があり、泉の水が大変きれいだ。男も女も老人も子どもも、折々に群れ集って、いつも宴をするところである」

と記載されている。

一方の「前原の埼」は現在の松江市美保関町の猿が鼻を指し、次のようにレポートされている。

「東と西と北はみなけわしく、ふもとには堤がある。……三方の水辺の草木は、自然に岸に生えている。鴛鴦《おしどり》、たかべ、鴨が、季節に応じてやって来て棲み着いている。堤の南は海である。堤と海戸の間の浜は東西の長さが百歩、南北の広さが六歩である。松並木は茂り、渚は水深く澄んでいる。男も女も折々に群れ集り、ある者は十分に楽しんで家路につき、ある者はアソビふけって家に帰ることを忘れる。常に宴を楽しむところである」

水のきれいな場所だが、東西100歩、南北が6歩という狭い海辺に男女が集って宴を楽しみ、ある者は家に帰ることも忘れるというわけである。そして、このような性風俗の有り様が当時の日本の状況に決定的な影響を与えることになった。その例証の一つがその頃の日本の世相である。

西周《せいしゅう》という国家が滅びた後の中国は本格的な戦国時代に突入し、戦火を逃れて多くの中国人が朝鮮半島に流入してきた。その結果、

「(朝鮮)半島でも戦乱や流民はあたかも玉突きのように南下し、新天地を求めて日本列島を目指したボートピープルとなった」(寺沢薫『王権誕生　日本の歴史02』講談社)

さらに寺沢はこうも続けている。

「両者の関係はいたって平和的だったと言ってよいだろう。たしかに、初めて縄文人が渡来人のボートピープルに遭遇した時、両者冷静でいられたかは大いに疑問だけれど、渡来人と縄文人との激しい戦闘を物語る資料はまったくない」

要するにこの難民たちを、当時の日本人は快く受け入れたのである。

同様の事実は弥生時代の遺跡からも確認されている。山口県下関市の土井ケ浜遺跡は弥生人の人骨が300体分も発掘されたところだが、人類学者で、発掘の第一人者である松

下孝幸によると、遺跡に残された遺物や、子どもや女性を含めた人骨を鑑定した結果、「着の身着のままの家族が渡来してきたムラ」であることが判明したという。

この種の難民は、受け入れる側からすればもっとも迷惑な存在のはずだが、日本人にはちっとも迷惑ではなかったようだ。それは日本という「国家」が成立する以前に、庶民の間では混浴の風習を通して「心のバリアフリー」が確立していた証しであるように、筆者には思われる。

第2話　歌垣は乱交パーティーの始まり

和歌の源流と公開の性

日本には古代から「歌垣」と呼ばれる性的な風習があった。歌垣とは若い男女が近くの山や浜辺に集まり、歌を交換しながら次第に高揚して関係を結ぶというもので、見知った同士のこともあれば、見知らぬ男女がその場で意気投合する場合も同じくらい多かった。いわば日本における〝乱交パーティー〟の始まりというわけである。

歌垣は今から4000年か5000年前、中国の黄河の流域で発生し、東南アジアを経て日本に渡来したと推定されている。歌垣とは日本の西国での呼び方で、東国では「嬥《か》歌《がい》」と呼ばれた。

ちなみに奈良時代の政治の記録で東国といえば、東海道鈴鹿関（現在の三重県亀山市）と東山道不破関（現在の岐阜県不破郡関ケ原町）を結ぶ線より東側の国々を指すものとされたが、奈良時代の721（養老5）年に成立した『常陸国風土記』によれば、筑波山で行われる嬥歌の場合、神奈川県の足柄峠から東に住む人々が集ったとあるから、古代の庶民の間では箱根を越えたところからが東国という思いがあったようである（足柄峠は箱根外輪山から続く尾根上に位置している）。１９４９（昭和24）年、神奈川県代表の湘南高校が夏の甲子園大会で優勝した時、「高校野球の優勝旗が33年ぶりに箱根の山を越えた」と大騒ぎになり、庶民レベルでは箱根の山が東と西を分ける分岐点という古代からの認識が昭和の戦後になっても生きていることが確認された（最初は第２回大会の慶應普通部）。

古代の歌垣はどんなものだったか、筑波山の嬥歌の様子が『常陸国風土記』や『万葉集』巻九に採録されている。先ず『常陸国風土記』の「筑波郡」の項には嬥歌の参加者や遊び方が、こうある。

「坂より東の諸国の男女、春の花の開く時、秋の葉の黄づる節、相携ひつらなり、飲食を持ち来て、騎にも歩にも登り、楽しみあそぶ」

（坂から東の国々の男女は、春の花の咲く頃、秋の葉の黄色く色づく頃になると、筑波山に登って遊んだ。馬で登る人も、徒歩の人もいるが、いっしょに食べ物を持って楽しむ）

ここに「坂」とあるのが足柄峠のことである。春秋1回ずつとは記されていないから、現在の花見や紅葉見物のような感覚で行われていたのだろう。箱根あたりの人々が遠路、筑波山まで出かけるのだから、古代としてはいかに大きなイベントであったかが想像される。

『万葉集』に残る歌垣の悲喜こもごも

このパーティーの様子を説明しているのが、『万葉集』巻九にある「筑波嶺に登りて嬥歌の会を為せし日に作りし歌一首」という歌である。

「鷲の住む　筑波の山の　裳羽服津《もはきつ》の　その津の上に　あどもいて　娘子壮士《おとめおとこ》の　行き集い　かがう嬥歌に　人妻に　我も交わらん　我が妻に　人も言問へ　この山を　うしわく神の　昔より　禁《いさ》めぬ行事ぞ　今日のみは　めぐしもな見そ　言も咎むな」

裳羽服津とは山中の水辺で、凹みのあるところを指す。そこを女陰に見立てて、嬥歌はそういう場所で行われた。うしわくは支配し

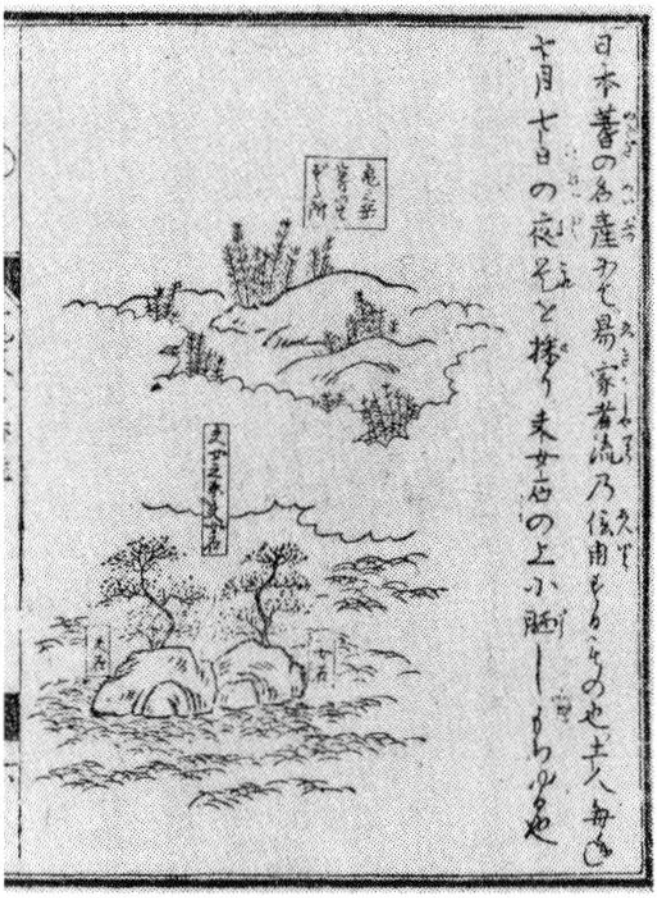

筑波山の裳羽服津（『筑波山名跡誌』より）

ているという意。めぐしは見苦しい。そこで歌の意味するところは、「鷲《わし》の住む筑波山の女陰を思わせる水辺で行われた嬥歌に、乙女や若者たちが誘い合って参加した。私も人妻に交わろう、ほかの人もわが妻を誘って欲しい。この山を支配する神もいさめぬ行事であり、今日だけは見苦しいといってとがめだてしないで欲しい」というわけである。要するにこの日ばかりは、結婚した男女も公然と浮気ができるのである。この歌には次のような反歌（長歌の後に添える短歌）が付されている。

「男神《ひこかみ》に　雲立ち登り　時雨降り　濡れ通るとも　我帰らめや」

（男神の宿る山に、雲が立ち登り時雨が降って、体の中まで濡れても、私は決して帰らないぞ）

つまり何が何でも、女をモノにするぞという男の心意気を吐露しているのである。しかし現実には、そうそううまくはいかなかったらしい。『常陸国風土記』にはこんな歌もある。

「筑波嶺に　逢はむと　言ひし子は　誰が言聞けばか　嶺逢はずけむ」

（筑波山の嬥歌の夜に、会いましょうと約束したあの子は、誰のいうことを聞いたのだろう、山では会ってくれなかった）

「筑波嶺に　盧《いほ》りて　妻なしに　我が寝む夜ろは　早も　明けぬかも」
（筑波山の嬥歌で泊まりに来たのに、女性なしで1人で寝るのでは夜も早く明けるだろう）

2首とも、振られた男の嘆きを詠んだものである。山に登ってくる途中に知り合った女性と「夜を共にしましょうね」と約束したのに、女性はもっといい男に巡り会ったのか、あっさりとすっぽかしたらしいのである。

歓喜の翌朝、松になった2人

嬥歌は山だけでなく、海辺や水辺でも盛んだった。『常陸国風土記』には童子女《うない》の松原と高浜（ともに現神栖市）の嬥歌が記録されている。中でも童子女の松原の話は今でも語り継がれるほど有名だが、ストーリーが長いので、要点だけを抽出して紹介する。

昔、年若い男女がいた。まだ垂れ髪のままで結い上げることもしていなかった。若者は那賀郡の寒田、娘は海上《うなかみ》郡の安是《あぜ》の出で、ともに容姿端麗、郷里では光輝いていた。お互い相手の名を聞いて思い焦がれ、自制の心を失うほどであったが、年月を経て、嬥歌の場で偶然に出会い、お互いに歌を歌い合った。

先ず若者が歌った。

「いやぜるの　安是の小松に　木綿《ゆふし》垂でて　吾を振り見ゆも　安是小島はも」

(安是の小松に木綿を垂らし、私に向かって振っているのが見えますよ、安是の小島のような君が)

若者に応えて、娘も歌った。

「潮には　立たむと言へど　汝夫《なせ》の子が　八十島《やそしま》隠り　吾を見さ走り」

(潮の寄せる浜辺に立つように、じっと立っていようと言っていたけれど、あなたが数多くの島に隠れている私［小島］を見つけたら、走り寄ってきて)

その後、『常陸国風土記』では2人の恋の盛り上がりが格調高く描かれている。ここでは意訳の一部を掲出する。

「歌によって2人の想いがまったく1つであることが分かると、ともに相語らんと、燿歌の場を離れて、松の木の下に隠れた。手を握り合い、膝を重ねて、お互いの想いを口にすると、これまで思い悩んだことも消え、新たな歓びが溢れ笑みがこぼれた。……今宵の楽しみにまさるものはない。ただ語らいの甘きに溺れ、夜の更けるのも忘れる」

ハッと気がつくと、ニワトリが鳴き犬が吠えていた。性の歓喜に我を忘れた2人は自分たちの（裸の）姿を他人から見られたかも知れないと思うと、恥ずかしさから体が固まり、とうとう松の木になってしまったという。

歌垣は奈良の海柘榴《つばき》市（現桜井市）、大阪・住吉の小集楽《おづめ》のほか、摂津の歌垣山（現大阪府能勢町）、肥前の杵島山（現佐賀県白石町）などでも定期的に開かれたことがわかっているし、水辺の歌垣も『常陸国風土記』には香島郡の津の宮（現鹿嶋市）や、久慈郡の密筑《みつき》の里（現日立市）などの例が挙げられている。

ちなみに渡辺昭五の『歌垣の民俗学的研究』（白帝社）は古代の歌垣の影を残している祭りや行事を掘り起こしたもので、この本を一読すれば歌垣が全国津々浦々に及んでいたことが理解される。それらはいずれも性的な風習であったが、明治の近代化以降、性的なものは下品という烙印を押されて剝奪されていったのである。

第3話　歴史の中の夜這い

天皇の夜這いに悩む庶民の娘

日本における夜這いの元祖は「あの」大黒さまであることはすでに紹介した。『古事記』には大黒さまが女性のところに夜這いに出かけた話が2つ記録されている。

しかし大黒さまの夜這いの話は、「日本」という国家が形成されていく一つの側面を、「夜這い」というたとえ話によって説明している要素が濃厚であった。

では「政治の比喩としての夜這い」ではなく、「エロの歴史としての夜這い」はどんなものであったか。759（天平宝字3）年頃に成立したといわれる『万葉集』では『古事記』とは異なるさまざまな夜這いが歌われている。

「こもりくの　初瀬小国に　夜這いせす　わがすめろぎ（天皇）よ　奥床に　母は寝たり　外床に　父は寝たり　起き立たば　母知りぬべし　出で行かば　父知りぬべし　ぬばたまの　夜は明け行きぬ　ここだくも　思はぬ如き　隠《こも》り妻《づま》かも」

これは巻十三（3312＝歌番号）にある歌で、その意味はざっと次のようなものである。

「大和国の初瀬という山間の村に住む私のところに、天皇が夜這いに見えた。奥の床には母が寝ている。外側の床には父が寝ている。起きて立ったなら、母が気づくだろう。出ていったなら、父が気づくだろう。（ためらっている間に）夜は明けてしまった。（ものごとを）深く考えられないように見える　隠れ妻の自分であることよ」

大和初瀬（現奈良県桜井市）に住んでいた女性のもとに天皇が夜這いに来た情景を歌った作品である。

女性が庶民の娘であることは、

「奥床に　母は寝たり　外床に　父は寝たり」

という文句から想像される。両親が豪族なら家には板戸がついていて、母屋の隣りには馬屋や草小屋などがあり、男とそこで会うことも可能だが、竪穴式住居のような庶民の家ではそれもかなわないからだ。少し財のある家では、結婚前の娘のために板戸の小屋を設けた（この小屋は妻屋と呼ばれた）が、この歌の両親はそこまでの余裕がなかったようである。

いずれにしろこの歌は、夜這いが階級を越えた間でも行われていたことを表している。と同時に「隠り妻」という言葉から分かるように、男性との仲を公にできない女性の悲哀やもどかしさが込められた歌でもある。

ただし土屋文明の『万葉集私注』(筑摩書房)などの注釈を借りれば、歌の内容をそのまま事実として受け取るわけにはいかないという。その理由は『万葉集』の時代には夜這いが大変盛んだったことにある。その結果、同時代の人々の間ではさまざまな共通体験も蓄積され、みんなの共感を得るようなおかしみと哀しみを備えた歌が民謡として口ずさまれるようになったというのである。この歌も民謡の一つで、

「われわれのような庶民ならともかく、天皇さんのような偉い人に夜這いに来られたら、女性もあわてるよね。人に言うわけにもいかないし……」

という意味を込めて、みんなで歌ったというわけである。

夜這いの板挟みで自殺した少女

同じく巻十三(3310)には、やはり初瀬を舞台にした次のような歌も採られている。

「こもりくの　初瀬の国に　さよばひに　吾がくれば　たな曇り　雪はふり来　さ曇り

雨は降り来　野つ鳥　雉子はとよみ　家つ鳥　かけも鳴く　さ夜は明け　この夜は明けぬ
入りてしまし寝む　この戸開かせ」
（私は冬空のもと、初瀬の村の娘のところに夜這いに来たが、雪は降り、雨も降ってきた。野鳥のキジは騒ぎ出し、家で飼っているニワトリも鳴き出した。家の中に入って、「あなたと」しばしいっしょに寝たい。この戸を開けておくれ）

こちらは冬空のもと山間の初瀬まで夜這いに来たものの、思い通りにはコトが運ばないという若者の哀れな状況を、自虐的な笑いを込めて詠んだ歌である。

自虐的な笑いといえば、こんな歌もある。

「他の国に夜這いに行きて、太刀が緒もいまだ解かねば、さ夜ぞ明けにける」

巻十二（２９０６）の歌がそれで、

「よその村落に夜這いに行って、やっとたどり着いたものの、腰に結わえた太刀のヒモも解かないうちに夜が明けてしまった」

というわけである。土屋によればこの2首とも民謡で、あの時代の人々は酒の席などでわいわいはやし立てながら、失敗談を歌って盛り上がったようである。

もちろん宴席の歌ばかりが残されたわけではない。巻九（１８０９）では、芦屋（現兵庫県神戸市）の少女が自分に好意を抱いて毎夜のように夜這いに通ってくる2人の男の板挟みとなって自殺したという伝説を歌った作品が採られている。「蘆《あし》の屋の　菟原処女《うないおとめ》が……」という文句から始まる長歌で、少女の死を知った2人の男性も後追い自殺をしてしまった。それに同情した土地の人々が3人を並べて祀ったお墓を作ったという話である。

この話は奈良時代には大変評判だったらしく、『万葉集』では高橋虫麻呂、田辺福麻呂、大伴家持の3人が菟原処女を主題にした作品を残している。いずれも長歌なので、ここで紹介する余裕はないが、エロティックな時代に純愛の話が感動を呼んだのだろう。

女性からのアプローチ・妻問

夜這いが盛んだったことは、夜這いの同義語として、「妻問」という言葉の使われたことからも想像される。

「高麗錦紐解き交はし天人の妻問ふ宵ぞ吾も偲ばむ」

この歌は巻十（2090）にあるもので、「七夕の夜は彦星が織り姫と、1年に1度だけ愛を交わす日だから、自分たちも高麗製の豪華な錦を着て、妻問をしていた頃を偲ぼう」という意。

ただ妻問と夜這いにはいくつかの条件の違いも見られる。先ず、夜這いにとって絶対的な条件とされた「夜」という時間が取り払われていること、夜這いも妻問も男性が女性のもとへ通うのが基本形だが、妻問では女性が積極的に男性にアプローチする例が見られる、そして相手に品物をプレゼントする例も多いなどである。

巻十六（３７９１）の歌は、それらの条件をすべて満たした例で、地方の豪族の息子らしい若者が下級官僚の家の娘から言い寄られてくつ下をプレゼントされたり、屋敷の下働きの娘たちからも絹の帯などを次々にもらったという内容である。歌はかなり長いので、ここでは土屋文明の『万葉集私注』第８巻から関係する個所の意訳のみを抽出する。

「嫁にも行かず家にいる稲置《いなぎ》（古代にあった行政単位の長のこと）の女が、妻問うために我に送ってきた外国産の（ここでは高麗産）二色綾織りの靴下や、飛鳥の靴造りの若者が、長雨も染み通らぬように、幾重にも縫った黒靴をはいて女子の庭に佇めば、〃あっちへ行け〃と娘の母親がいうのを聞いた娘が、我に（関心を抱いて）、淡い藍の絹の帯を送って来る。その送られた帯を引き帯のような韓帯《からおび》にして宮殿の屋根を飛び回る蜂のように、腰が細く見えるように着て、鏡をいくつか並べて自分の姿を振り返り見ながら、春の野辺を行くと、私を面白いと思ったか、宮廷の女、舎人男（宮廷の警備や雑用係り）もひそかに私を顧みていたものだ……そんな風に、昔は栄え幸福であった私が、ああああ、今日は娘たちに得体の知れぬ者のように扱われている」

『万葉集』にはこの歌の反歌が2首、この歌に刺激されて作られた歌が9首採られている。反歌の1つは「老人になって白髪頭になった私は、若い娘たちに罵られているが、娘たちにも白髪が生えたならば、このような扱いを受けることもないだろうに……」という意味で、9首の中には「若い娘が不釣り合いな老人になびくのは恥かも知れないが、私はこの老人と通じたいものだ」と、老人への愛を歌ったものもある。いずれにしろ『万葉集』に採られた夜這いや妻問の歌には、当時の人情がそのまま反映されているようだ。

第4話　尼の誕生とその淫行

日本初の尼は全裸でむち打たれた

日本に初めて仏教が伝来した時期については538（宣化天皇3）年説と552（欽明天皇13）年説があるが、現在では538年説が有力視されている。『日本書紀』の552年の条に「百済から仏像や経典などがもたらされた」とあるが、これが538年の間違いというのである。

もっとも渡来人の間では、日本に来る以前に仏教の教えに触れ、個人的に信仰していた人々が相当数いた。その人々は江戸時代の「隠れキリシタン」のようにこっそりと信仰を続けていたようだ。当時の日本はお伊勢さん（伊勢神宮）や名古屋の熱田神宮など、神社を中心とした国であり、仏教は異端の宗教と見なされていたから、迫害を恐れたのであろう。

その流れを劇的に変えたのが3人の少女だった。『日本書紀』584（敏《び》達《だつ》天皇13）年

の条に、

「蘇我馬子、司馬達等が娘嶋を度せしむ。善信尼と曰ふ。年十一歳。また善信尼の弟子二人を度せしむ。その一は豊女、名は禅蔵尼と曰ふ。その二は石女、名は恵善尼と曰ふ」

とある（善信尼の年齢を17歳とする資料もある）。司馬達等は渡来人で鞍作りの職人だったが、以前から仏教を信仰し、自宅でひっそりと仏像を拝んでいた。敏達天皇の右腕といわれ、日本に仏教を導入しようと努めていた蘇我馬子が達等の存在を知って、達等の娘を恵便《えべん》という僧に師事させたのである。

恵便は高句麗からの渡来人で、やはり形だけ還俗（僧侶になった者が俗人に還ること）していた人物だった。この3人の少女が日本の仏教信仰の第1号であり、日本の尼さんの初めてである。

しかし翌585（敏達天皇14）年3月、3人は思わぬ迫害に遭遇する。積極的に仏教を取り入れようとする蘇我馬子に対して、排仏派の中心が物部守屋《もののべのもりや》と中臣勝海《なかとみのかつみ》で、物部は軍部のボス、中臣は神道の頂点に立つ人物だった。その守屋が3人の少女を歌垣で有名な海柘榴市に引きずり出し、公衆の面前で全裸にして、むち打ちの刑にしたのである。女性が全裸でさらし物にされるなど前代未聞のできごとであった。

この公開処刑が仏教の興隆に決定的な役割を果たすことになった。この事件をきっかけに587（用明天皇2）年、蘇我一族と物部一族との間に武力衝突がぼっ発し、馬子や聖徳太子などの崇仏派が完勝した。馬子は戦勝記念として奈良県高市郡明日香村に法興寺を建立したが、戦いが始まった翌年にはすでに建築にかかっていたというから、戦う前から十分な勝算があったようである。あるいは蘇我一族は物部一族に対して戦争を仕掛ける口実を探っていたが、公開処刑がかっこうの口実になったことが想像される。

尼のスター化と僧侶ブーム

続いて聖徳太子も593（推古天皇元）年、大坂に四天王寺を建立した。その間、3人の尼は蘇我馬子などの支援を受けて百済へ留学し、590（崇峻天皇3）年3月に帰国したが、それは法興寺がほぼ完成し、四天王寺の建設がスタートしようという時期であった。そして3人の帰国と同時に法興寺は日本初の尼寺へと変わり、名前も豊浦寺《とゆらでら》と改名した。この流れは寺院の施工期日や3人の動向などから推測したものだが、流れを変えたと想像されるできごとがもう1つあった。それは新しく造営された寺院の規模や景観である。

たとえば四天王寺を例に取ると、伽藍《がらん》（お寺の建物）は南から北へ向かって中門、五重塔、金堂、講堂が一直線に並び、それらが回廊によって囲まれている。6〜7世紀の大陸の寺院の建築様式を取り入れたもので、建物自体は何度かの火災によって様変わりしているが、その度に以前の形が復元されているので、昔の面影は残っているという。

それは庶民にとって、仏教の教える極楽の再現かと思われるような夢の世界であった。それというのも、当時の庶民はまだまだ竪穴式住居に住む者がほとんどで、板戸や板塀の家に住むことができるのは豪族など、ごく少数に限られていた。そういう時期に複雑な建築の五重塔や、金箔をふんだんに用いた金堂など、絢爛豪華な寺院が目の前に次々に現れたのである。

3人の少女は夢の世界への扉を開いた功労者であり、現実にそういう場所で日々の生活を送っているのだから、現代のアイドルタレントをはるかにしのぐスターだったことが想像される。

それからざっと30年後の624(推古天皇32)年に実施された僧侶と尼僧の調査の記録が『日本書紀』に載っているが、それによるとお寺の数が46か所、僧侶が816人で、尼僧が569人とある。624年という年は奈良時代が始まる86年前だが、女性の社会的な地位がほとんど無視されていた時代としては、尼さんの多いことは驚異的である。それが善信尼など3人の影響によることはいうまでもなかった。なお569人の中には3人に弟子入りした女性が11人いたという。

尼僧の登用は次の奈良時代において、さらに広がった。奈良時代とは710年から794年までの84年間を指す。この時代はいうまでもなく、仏教文化が花開いた時期で東大寺、興福寺、唐招提寺、薬師寺、元興寺など、この間に造られた多くの寺院が世界遺産に指定されている。そしてその仏教文化の担い手が急増した僧侶と尼僧であった。

その時代の坊さんと尼さんの動向を年表風にまとめてみると、

721（養老5）年、浄行の男女100人を選び、出家させることが定められる。

741（天平13）年、聖武天皇によって全国に国分寺、国分尼寺を建立することが定められ、国分寺の僧の定員は20人、尼寺の尼僧は10人とされた。

745（天平17）年9月、聖武天皇の病気平癒のため3800人の僧尼が出家。

748（天平20）年12月、亡くなった元正太上天皇の鎮魂のため、僧尼各1000人が出家。

752（天平勝宝4）年、大仏開眼の年。聖武天皇の病気平癒を祈って僧950人、尼

50人が得度（僧尼としての正式な認定）を認められる。

757（天平宝字元）年、聖武天皇の崩御により、800人が得度を認められる。

これらの記述を見ても、僧侶や尼僧の役目が天皇の存在と直結していたことがうかがわれる。さしずめキャリア公務員の奈良時代版といった感じで、女性のキャリアも現代とは比較にならないくらいの比重を占めていたのである。さらに宮廷内の部局や藤原一族、長屋王などの豪族の屋敷でも数多くの尼僧が働いていたから、奈良の都には少なく見積もっても1万5000人の坊さんと、1万人以上の尼さんがいたといわれる。当時の奈良の人口は10万人と推定されているから、人口の25％以上を占めていたわけである。

僧尼の乱行が問題に

しかし大仏開眼を終えたあたりから、尼さんの行動にはとかくの噂が絶えないようになった。その1つの例が第5話で紹介する称徳天皇とヤマイモの秘具のエピソードに登場する尼さんの例である。尼さんの行いが自堕落になった理由は「南都六宗」と呼ばれる仏教の勢力があまりに強大になったことに、天皇が嫌悪感を覚えたことが関係している。その結果、「奈良では785（延暦4）年以来、僧尼が濫淫をきわめ、仏教を穢している」（『日本紀略』の記述による）といわれるほどになった。

785年は長岡京への遷都が行われた次の年である。実際には遷都は延び延びになっていたものの、奈良に住む坊さんや尼さんたちは「自分たちは天皇に見捨てられた」と感じたとたん、やけくそになったらしく「濫淫をきわめ」るという状況に陥ったのである。

大和守藤原園人が治安の監視役として奈良に送られたのは797（延暦16）年7月であった。その理由について『日本逸史』には、こう記されている。

「平城旧都は元来寺が多く、僧尼の猥多、濫行をしばしば聞く」

当時、東大寺を始めとする主だったお寺では庶民の健康のために寺に備えた湯屋で入浴させていた。この催しは混浴で、寺僧や尼僧は助手を務めていたから、彼らにとって混浴は見慣れた風景だったが、自分たちだけで混浴をする度に抑圧していた性の欲望が頭をもたげてきたようであった。藤原が「男女の混浴を戒む」という規則を発したのは奈良への赴任後、まもなくのことであった。これが日本で初の混浴禁止令である。

第5話　性の秘具が詰まった女帝

女性用おもちゃは奈良時代からある

いわゆる秘具はエロの歴史の脇役として欠かせないものである。それらは日本ではいつ頃、登場したのだろう？

『阿奈遠加志《あなおかし》』（『阿奈遠可之』とも書く）は江戸時代の「三大奇書」の一つに挙げられている性風俗の資料だが、その中で「をはしがた」（女性用の秘具、張り形のこと）の由来が述べられている（一部、かなを漢字に変更した）。

「をはしがたとて、玉茎の形をまねび作ることは、いと神つ代よりのわざにて、石にても木にても造る。もとは神わざにのみ用いられしを、奈良の京になりて、高麗《こま》百済の手部（工人）どもが呉（222年〜280年。中国の三国時代の王朝）より多くひさぎい出す水牛といふものの角をして造り始めたるは、様形きわめて見目麗しく、綿を湯にひでて（ひたして）、その角の空ほなるところに指し入るれば、温かに肥えふくだみて（ふくらん

張り形に湯にひたした綿をつめる江戸時代の女性(西川祐信『艶女色時雨』より)

で)、まことのものと何ばかりのけじめなきを、宮仕えの女房たちなど、男もすといふかはつるみ(手淫)といふことを、女もしてみんとて、やがてその具にばかり用ひ給いしなり」

中国では7000年〜8000年前から水牛が家畜として飼われていたといわれている。呉の時代にその角が張り形として利用されるようになり、それが奈良時代に日本に伝えられたというわけである。ちなみに水牛の角は内側が空洞になっており、そこにお湯につけた綿を入れると、べっ甲や象牙細工のように柔らかくなって、ちょうど勃起したペニス並みになるという。

道鏡の巨根では物足りなくなった称徳天皇

秘具が奈良時代に始まるという伝承はほかにもあ

る。それはエロの歴史では有名人の一人である弓削道鏡にまつわる話である。道鏡といえば「道鏡は　すわるとひざが　三つでき」などの川柳で知られるように、もっぱら巨根の代名詞としてその名を留めている。「すわるとひざが　三つでき」というのは、彼が正座すると両膝の真ん中に、膝と同じ大きさのペニスがあるという意である。

761（天平宝字5）年、道鏡が病気の孝謙上皇（後の称徳天皇）を看病して以来、寵愛を受けるようになったことは明らかで、2年後の763（天平宝字7）年には少僧都《しょうそうづ》に任じられ、764（天平宝字8）年、太政大臣に昇進、そして翌年には法皇にまで上り詰めた。この出世ぶりをなぞっても、孝謙上皇がいかに道鏡の虜になっていたかが想像される。それだけにその寵愛の内容について、後世の人々はさまざまな想像をもて遊ぶことになった。

そのいくつかの例を紹介すると、平安時代の11世紀後半から12世紀に成立したとされる『日本紀略』前編十二には770（宝亀元）年8月のできごととして、次のような記述が見えている。

「孝謙上皇（当時は称徳天皇）は道鏡を愛し、道鏡の出身地である河内国若江郡（現在の大阪府八尾市）に由義宮《ゆげのみや》という離宮を設けた。道鏡は天皇の性的な快楽のために雑物を勧めたが、これが抜けなくなって体調不良となり、100日以上が経った。医薬も効果がなく、いよいよ命が危険になった時、1人の尼が進み出て、梓木《きささげ》で割ばしのようなものを造り、これに油を塗って挟んで取り出した。これによって天皇の命は助かったが、藤原百川《ももかわ》が尼を追放、このため天皇は8月4日に亡くなった」

文中、「雑物」とあるのが秘具で、これが日本初の秘具の記録とされている。では「雑物」とは何だったのか？　その疑問に答えているのが鎌倉時代初期の1212（建暦2）年頃に成立した『古事談』で、冒頭に「女帝とヤマイモ」の話が採られている。『日本紀略』の記述とは細部でかなりな違いがあるが、関わりのある部分を引用すると、

「称徳天皇は道鏡の陰（ペニス）をなお不足におぼし召されて、ヤマイモを以て陰形を作り、これを用いていたところ、折れて中に詰まってしまった。そのために（陰部が）腫れ塞がって一大事になった時、小手の尼（百済の医師。その手は幼児のもののようだった）が診察していうには、〝帝の病いは治るでしょう、手に油を塗って、これを抜き取ろうと思います〟と。その瞬間、藤原百川が〝この女は霊狐である〟といって、剣を抜き、尼の肩を切り裂いた。このため帝の病気は癒ゆることなく、なくなった」

となっている。それによれば日本初の秘具はヤマイモをペニスの形に細工した張り形だ

ったというわけである。『日本紀略』と『古事談』の記述の違いはほかにもあり、第1に『日本紀略』では道鏡が女帝に「雑物」の使用を勧めたのはより深い性の快楽を得るためとされているのに対して、『古事談』の場合、「道鏡のペニスではなお不満に感じて……」とされている。道鏡は「すわるとひざが　三つでき」といわれるほどの巨根であったが、女帝は慣れてしまえば、それでも不満だったと、『古事談』の編者の源顕兼《あきかね》は見立てたのである。

第2点は前者は、尼さんが割ばしのようなものに油を塗り、それで引き出そうとしたと「推測」したのに対し、後者はもともと小さな手の女性が引き出そうとしたとしている点である。そして最後に、前者では女帝はいったん回復したものの、藤原百川が尼を追放したため天皇は8月4日に亡くなったとあるが、後者の場合、尼が女帝の陰部に挟まっている異物を引き出そうとした瞬間、百川が尼の肩に切りつけたと記されている。これでは異物を取り出すことができず、それが原因で女帝はなくなったという。

法師と交わりすぎて秘部に極楽浄土が！

『水鏡』は鎌倉時代に成立した歴史物語で異本も多いが、その一つで1374（文中3／

応安７）年に成立したとされる前田家本の『水鏡』には、道鏡と称徳天皇に関してまったく異質なエピソードが記録されている。

それによると道鏡が巨根になったのは、ペニスをハチに刺されたせいだという。道鏡は出世したい一心で、３年にわたって大和国（現奈良県）平群郡の岩屋にこもって修行していたが、ちっとも効果がないので拝んでいた如意輪像に小便をかけた。そこへハチが飛んできてペニスをチクリとやったため、たちまち腫れ上がったというのである。

称徳天皇についても、なかなかうがった話が紹介されている。彼女は道鏡との関係によって涅槃経の教えに反したばかりか、その後はもろもろの法師の「物」を受け入れて「御意」（性交）を行うようになった。ある日、道鏡が例によってわが法師（陽物のこと）を女帝の「御開門」に入れたところ、秘部の内部には弥勒菩薩のいる浄土（これを兜《と》率天《そってん》という）とそっくりの光景が再現されていたという。あまりに沢山の法師と関係した結果、秘部が極楽浄土と化していたというわけである。

称徳天皇がなくなってから約６００年、道鏡と称徳天皇のエピソードはこれほどにも中世の人々のやじうま根性を刺激したのであった。

実は秘具は奈良時代に誕生したという説がもう１つある。法制史家の滝川政次郎が『酔

人粋学』（自由国民社）という著書の中で述べているもので、

「京都大学の考古学研究室には、唐の首都であった長安の大明宮址から出土したと伝えられる緑釉のかかった陶製の男根が所蔵されているが、これが唐代の珍具であることは云うまでもない。昭和8年、東亜考古学会が行った渤海国の首都上京竜泉府遺跡の発掘でも、石製の男根を獲た。この石製男根が、崇拝の対象でなくて珍具であることは、長さ四寸二分、直径一寸五分、中空で温湯を容れるに適し、表面に皺および筋を刻し、写実的にできていることによって疑いがない」

とある。長安の都に大明宮が造られたのは635年（日本では舒明天皇7年）、660年代に入って皇帝の住居兼政務の場として使用されるようになった。とすれば、陶製の男根が製作されたのも、使われ始めたのもその頃と見るのが妥当な想像だろう。大明宮は女帝の武則天が気に入って長く住んだことで知られ、日本からの遣唐使もここで何度か武則天に面会したことが分かっている。

これに対して渤海国は旧満州（現中国東北部）から北朝鮮の北部、沿海州にかけて存在した国家で、698年から926年まで続いた。石製の張り形はここの首都の遺跡から出土したというのである。

唐の長安にしろ、渤海国の上京竜泉府にしろ、日本からの使者は皇帝や王様に拝謁して贈り物を渡したり、官僚たちと日本に移入したい文化などについて話し合ったはずだから、その場で相手側から遠来の客に、共感と笑いを込めてプレゼントされたことは十分にあり得る想像である。そういう想像のもとに、

「唐や渤海と交通し、とくに唐の文化を全面的に輸入していた奈良時代の日本では、唐の後宮で使われたこれらの女悦具をきっと輸入していたはずだ」

と、滝川は推測しているのである。

第6話　サドの天皇、好色の天皇

武烈天皇にはなぜ悪逆非道の伝説が残るのか

「英雄、色を好む」という言葉がある。その意味については今さら説明する必要はないだろう。一説によると、この言葉はモンゴル帝国皇帝のジンギスカン（1162年〜1227年）の言動から出たという。彼はモンゴルを中心に東西の国々を征服し、一大帝国を造り上げたが、その原動力について、次のように語ったといわれている。

「男子最大の快楽は、敵を撃滅してそれを駆逐し、その財宝を奪い、彼らと親しい人々の顔が悲しみの涙に濡れるのを見、その馬に打ちまたがって、その女と妻たちを抱きしめることである」（C・M・ドーソン『モンゴル帝国史』平凡社）

ドーソンによると、ジンギスカンは諸国を滅ぼす度に肌の色も髪の色も違う美女たちをモンゴルに連れ帰った。その数が500人に達し、正式な后妃だけで39人を数えたという。これが元から中国に伝えられ、「英雄、色を好む」という諺として定着したわけである。

ジンギスカンの言葉には、人間がなぜ権力の座を目指すかという疑問の答えがすべて盛り込まれているが、日本でも国家の体制が整備されてくるにつれて、権力の座を満喫したいという天皇が現れてきた。その点で目立った最初の権力者は第25代武烈天皇である。

武烈天皇はこれまでに何度か触れてきた海柘榴市の歌垣にも縁の深い人物で、『日本書紀』によれば、皇太子時代に物部麁鹿火《もののべのあらかい》の娘の影媛《かげひめ》を巡って、平群臣鮪《へぐりのおみしび》と歌垣で争って敗れたが、それを根に持って部下の大伴金村に命じて鮪を殺害させたというエピソードを残している。

しかし即位以来死亡するまでの『日本書紀』の記述は、それを超える異常性の記録で埋められている。「色の道」にはサド・マゾなどの性の異常性と多淫という側面があるが、彼が象徴しているのは性の異常性である。すなわち、

「(即位) 2年の秋9月、孕婦 (妊婦) の腹を裂いて、その胎児をご覧になった。

3年の冬10月、人の生爪を抜いてヤマイモを掘らせた。

4年の夏4月、人の頭髪を抜きて、梢に登らしめ、樹の根元を切り倒して、登っていた者を殺すのを楽しみとされた。

5年夏6月、人を池の堤の樋《とい》に伏せて入らせ、外に流れ出るのを、三つ叉の矛で刺し殺

すのを楽しみとされた。

7年春2月、人を樹に登らせ、弓で射落としてお笑いになった。

8年春3月、女を裸にして平板の上に坐らせ、馬を面前に引き出して交接させた。女の陰部を見て、潤っている者は殺し、潤っていない者は召し上げて官婢（役所などの女奴隷）とし、これを楽しみとされた。……衣服は温くして、人民の凍えることを忘れ、食事は美味で、天下の飢えることを忘れられた。大いに道化・俳優を用いて華やかな音楽を奏で、珍しい遊戯を催して、亡国の歌謡をほしいままにし、昼夜の別なく宮人と酒に溺れ、錦繡（豪華な織物）を敷物とされた。衣服に綾や白絹を用いた者がおおかった」

というわけで、世界史で有名な「暴君ネロ」をもしのぐような悪逆非道ぶりであった。

ただしこれらの記述は『古事記』の記すところとまったく様相が異なっている。たとえば『古事記』によれば、武烈天皇は海柘榴市の歌垣のエピソードにも登場しないし、そもそも武烈天皇に関する『古事記』の記述はほんの数行に過ぎない。この点から同天皇に関する『日本書紀』の記述は中国の史書から孫引きしたでっち上げではないかという意見も根強い。

その理由もさまざまに挙げられているが、もっとも説得力が感じられるのは、武烈天皇の後を継いだ継体《けいたい》天皇とは血筋のつながりが乏しかったから、継体天皇やその取り巻きとしては、継体天皇が即位したことを正当化するために、武烈天皇のことを悪し様に罵ることが必要だったという説である。「武烈天皇はこんなにワルだったから、継体天皇のような武烈天皇とつながりの薄い人物が後継者として選ばれた」というわけである。

それが果たして事実か、でっち上げかはわれわれには確認の手段がない。しかし『日本書紀』の編者の間では、このような事項を列記すれば読んだ人々は武烈天皇に対して必ず「悪逆非道」のイメージを抱くという認識があったことは確かである。それは「武烈天皇のミニチュア版程度のケースなら国家形成の過程で沢山生まれていた」ということの証しでもある。

絶倫で財政難を招いた嵯峨天皇

これに対して多淫・好色という側面で、最初に名を残した権力者は桓武天皇である。第50代天皇で、在位781（天応元）年〜806（延暦25）年。奈良の都で強大な勢力を誇る「南都六宗」の介入を嫌って、長岡京へ遷都、さらに平安京への遷都を実行して大成功を収めたほか、最澄と空海という新進宗教家を登用して仏教界を一新させた。

その一方で女性を次々に朝廷に引き入れ、「キサキ」と呼ばれる女性だけで27人を数えた。このため大宝律令では皇后のほかは妃（ひ／きさき）2人以内、夫人（ぶにん／おおとじ）3人以内、嬪（ひん／みめ）4人以内と定められていたが、それだけでは足りなくなり、超過した「キサキ」の称号として「女御」という地位が創出された。

第52代の嵯峨天皇は桓武天皇の第2皇子で、在位809（大同4）年〜823（弘仁14）年。こちらは父親の桓武天皇よりもさらに派手で、子どもを産んだ「キサキ」だけで24人、子どもの数は皇子23人、皇女27人の50人に達した。

このため桓武天皇の治世に新設された「女御」という身分だけでは足りず、さらに下の階層出身の女性が「更衣」という名称で呼ばれることになった。江戸時代にも第11代将軍徳川家斉のように、側室40人に、生ませた子どもが55人という例があるが、800年代頃の嵯峨天皇の時代と、1800年代初めの家斉将軍の時代では社会の生産力が違っていた。

家斉の場合も、子どもの養育費や婿養子先、嫁入り先を決めるために莫大な出費を伴い、幕府の財政に大きな負担を強いたが、嵯峨天皇の場合はもっと深刻で、当時は天候不順で農業の出来が極端に悪化していたこともあり、子どもの処遇が国家の財政をおびやかすほどであった。天皇自ら「男女やや多く、空しく府庫を費やす」と後悔したという（坂上康俊『律令国家の転換と「日本」 日本の歴史05』講談社)。その立て直しのため、8人の子どもに「源《みなもと》」の姓を与えて臣籍降下させた。これが武士の集団としての源氏の始まりだが、そのために後々、大きな災いを招くことになった。

そのほかエロの世界を彩るエピソードを残した権力者には事欠かない。たとえば自分の即位式が始まる直前に、参列者の女性の中に美人を見つけ、その場で、それこそみんなの見ている前で関係した天皇(第65代花山天皇)や、自分が関係した女を次々に臣下に下げ渡した天皇(第72代白河天皇)など多士済々である。

白河天皇の場合、「両刀使い」としても知られ、近臣として権勢を誇った藤原宗通や藤原盛重、平為俊はいずれも男色関係における愛人であった。中でも藤原盛重、平為俊は白河天皇が法皇になってから創設した北面武士(上皇の身辺を警衛、あるいは御幸に供奉した武士のこと)で、それが男色のために創られた部署であることは明らかであった。

ただし日本の権力者の場合、悪逆非道の限りを尽くしながらも潔さを感じさせるジンギスカンの例と違って、どこかせこい印象がついて回る。

その典型が女帝の孝謙上皇で、自分の後継者となる皇太子を選ぶ際、「道祖王は私の命に従わず淫らな行いが収まらない、船王《ふねのおう》は女性関係にけじめがない」などと難癖を付けて、結局のところ舎人《とねり》親王（天武天皇の皇子）の息子である大炊《おおい》王を後継者に指名した。これが後の淳仁天皇だが、孝謙上皇といえば、第5話で触れたように坊さんの道鏡とただれるような関係を続けて、彼を法皇の地位にまで押し上げた女性である。「何をかいわんや」という印象が強いが、その思いは日本の権力者に共通する印象といってもよい。

第3章

エロが昂じる王朝文化

平安時代

第1話　初のセックス指南書「房内篇」

中国医書の翻訳が初め

人間の歴史に不可欠なものの一つにセックスの指南書がある。指南書とはさまざまな体位を紹介した本のことで、性典と呼ばれることも多い。人間はセックスの経験を重ねるにつれて、「もっと刺激的な体位はないか」と求めずにはいられないようである。

世界の歴史を見ると、性典は西暦が始まる前後に誕生した点で共通している。たとえばローマの詩人オウィディウスが『アルス・アマトリア』を著わしたのは西暦0年頃、これが性典の第1号といわれている。

さらにインドで『カーマ・スートラ』が成立したのは1～2世紀頃、インドでは続いて『ラティラハスヤ』も創られた。

そして3世紀頃に成立した中国の『抱朴子《ほうぼくし》』によれば、「古代中国には『玄女経』『素女経』『彭祖経』『容成経』など10種の房中術（性のテクニック）の書があった」と記述されている。3世紀頃の書物に「古代」とあれば、紀元前と見なすのが自然だろう。今ではこれらの性典は『アルス・アマトリア』よりも2～3世紀古いのではないかと推測されている。ただし『抱朴子』が出版された頃の中国には『玄女経』『素女経』は残存せず、内容も分からずじまいであった。

これに対して日本初のセックス指南書が誕生したのは平安時代の984（永観2）年である。丹波康頼により翻訳書『医心方』全30巻が完成した。これは隋や唐時代の中国から伝来した医書を治療の際に利用するために整理したもので、そのうち性的な知識やテクニックを集めたのが巻二十八の「房内篇」である。

この「房内篇」が日本における性典の第1号というわけで、世界のすう勢からすれば800年から1000年の遅れだった。丹波康頼は後漢の霊帝の子孫といわれるが、当時は丹波国（現京都府及び大阪府、兵庫県の一部）の鍼博士という地方の医家の地位に留め置かれていた。鍼博士とは鍼灸のリーダーといった意味であるが、康頼は『医心方』を朝廷に献上することによって自分の出自にふさわしい栄達を望んだのである。「房内篇」には『玄女経』『素女経』など、中国では失われた資料のほかに『玉房秘訣』『玉房指要』『洞玄子』『千金方』など10種の性典が使われている。その意味では本家の中国よりも密度の高い性典だったということができる。

39の体位をイラストつきで解説

「房内篇」の中味は大別して3部からなっている。

第1は性についての考え方を説いた部分で、次が女性の快感を男はどうやって理解したらいいかという疑問、そして快楽を楽しむ体位の説明である。

性についての考え方では、古代中国の医祖といわれた黄帝は1200人の女性と交わった末に仙人となることができた。仙人になるためには美人を求めず、年が若くて、乳房がいまだ膨らまず、肉付きのよい女を第一とすること。そういう女性を常時、7、8人ずつくらいそばに置いておくのがよいとしている。

また女を御するためにはいくつかの大事がある。先ず「女を瓦石《がせき》のように思い、自分のことは金や珠玉のように信じ込む」こと。さらに「女と接する際には朽ち果てた縄で荒馬を手なずけるような気持ちで対応すること」、そうやって精を惜しめば命も尽きることがないといい、房中術の根本として「30歳になれば一夜に10人の女と接して洩らさない術を体得すること」と説いている。この一節は、江戸時代の儒学者である貝原益軒《かいばらえきけん》の『養生訓』に引用され、それによって益軒の名声は一躍上がった。

女性の快感の見分け方については、乳首が硬くなる、女性器が濡れてくるなど、現代の常識がきちんと指摘されている。その知識は中国では紀元前から知られていたわけである。

「房内篇」の最大の特徴は『玄女経』と『洞玄子』から合わせて39種の体位をピックアップし、体位の絵と解説を加えていることである。ただし絵といっても、ほとんど象形文字といってよい。ここではすべてを紹介するゆとりがないので、それぞれから2種の体位を抽出する。先ず『玄女経』にある2つは、

「第1を龍飜《りゅうはん》という。女をして正しく上に向いて臥せしめ、男、その上に伏し、股は床に隠す。女、その陰を上げて、もって玉茎を受く。その穀実（クリトリスのこと）を刺し、またその上を攻む。ゆるやかに動かし、八浅二深す。……女則ち煩悦し、その楽しみ、うたいめ（売春婦のこと）の如し。

第2を虎歩《こほ》という。女を俯きに伏させ、尻を高くし、首を伏せしむ。男、その後にひざまずき、その腹を抱く。すなわち玉茎を入れて、その中極を刺し、つとめて親密ならしむ。進退相迫り、

龍飜の図

五八の数を行はば、その度はおのずから得らる。女陰開き、精液外に溢れなば終りて急速す」

とある。第1が正常位、第2が後背位を表していることはいうまでもない。これに対して次に挙げる2つの体位は『洞玄子』に挙げられた30法のうちの2つで、第14は立位、第15は女性2人と男性1人による乱交である。なお女性2人と男性1人の組み合わせは第24にもある。中国では紀元前から、乱交の面白さが知識として行き渡っていたようである。

虎歩の図

「第14、臨壇竹《りんだんちく》（石で築いた壇のかたわらに竹が生い茂っている意）。男女ともに相向ひて立ち、口を吸いて相抱き、陽峰をもって深く丹穴に入れ、没して陽台の中に至る。

第15、鸞雙舞《らんそうぶ》（2羽のランが舞っている意）。2人の女性のうち1人は仰向け、1人はうつ伏せになって陰部を接する。男は胡座をかき、2つの女陰に玉物をこすりつけて攻撃する」

なぜ『源氏物語』には体位の話がないのか

この本が王朝の貴族たちにどのような影響を与えたかについては、よく分かっていない。
平安時代中期の文人である藤原明衡《あきひら》は『新猿楽記』という著書の中で、当時、京の都で大流行していた猿楽という芸能の紹介と、それを見物している庶民の職業やその特徴、生活ぶりなどを描いている。その中に遊女の生態に触れた一節があり、

「淫奔徴嬖《いんぽんちょうへい》が行、偃仰養風《えんぎょうようふう》の態、琴弦麦歯《きんげんばくし》の徳、竜飛虎歩の用、具せずといふことなし……」

と述べられている。『日本思想大系8』（岩波書店）の注釈によると、「淫奔徴嬖」とは淫らで男に喜ばれる行為のこと、「偃仰養風」とは性交時のポーズのことで、男を喜ばせる姿態を指す。そして「琴弦麦歯の徳」はともに名器の表現。ペニスを挿入すると、琴や箏《そう》のような声を発する女性や、ペニスを歯でくわえこんだように離さない女性の意。要するに淫乱で、男を喜ばせるために生まれたような女というわけである。

問題なのは「竜飛虎歩の用」という文句で、同書の注釈によれば「竜飛虎歩の用」とは「房内篇」に挙げられた「龍飜」と「虎歩」にあたるという。

つまり当時の遊行婦（遊女）はこういう体位に応じていたというのだが、では『源氏物語』の華麗なる世界ではどうだったかとなると、体位に触れた個所が見当たらない。その

理由としては、当時の王朝では「唐や隋の文化はもうダサい」という空気が支配的だったから、「房内篇」の存在も、体位について記すことも敬遠されたのだろうと推測される。

ただし王朝文化では無視されても、武士を始めとする下々の世界ではその効用が認められていたようである。第1章で戦国時代の医者の曲直瀬道三が「房内篇」を『黄素妙論』という題名で出版し、戦国武将に歓迎されたと紹介したが、そのことが「房内篇」の性典としての価値を表している。

なお明治時代になって、「房内篇」の中に中国では残っていない『玄女経』『素女経』からの引用がたっぷり含まれていることを知った清朝政府は人を派遣して、これを書写したことが記録に残っている。

第2話　エロ本と春画集の登場

ペニスを擬人化した『鉄槌伝』

平安時代は『源氏物語』に代表されるように、宮廷内で華麗な恋愛ドラマが演じられた時代とされている。だが男女の文化は恋愛ドラマだけではない。恋愛ドラマが盛んな時代にはエロ本や春画集も登場した。日本初のエロ本が現れたのは平安時代中期の康平年間（１０５８年～１０６５年）である。作者は第１話で紹介した藤原明衡（９８９年～１０６６年）で、タイトルは『鉄槌伝』といった。

明衡は若い頃から秀才の誉れが高かったが、儒家の出身でないことから学閥の壁に阻まれて不遇をかこち、１００４（寛弘元）年、大学（当時の官僚養成機関）に入学したものの、対策（官吏登用のための最高試験）に合格したのは28年後の１０３２（長元５）年だった。その間、頭にきた彼は後輩に対策の答えをひそかに教え、２度にわたって罰せられたこともある。

晩年になって当代随一の文人と認められ、年号の選定や皇子の名前選びなどを任されるようになったが、不遇の時代が長かったせいもあって、世間の主流から離れた底辺の人々の生き方や考え方に共鳴するところが大きかった。第1話で取り上げた『新猿楽記』という著書もそういう彼の個性の表れであった。

彼は平安時代の名文を集めた『本朝文粋《もんずい》』や、わが国最古の書簡文集『明衡往来《めいごうおうらい》』を編さん、中でも『本朝文粋』は後世の文章作成の手本にする目的で、嵯峨天皇から後一条天皇まで17代約200年間のすぐれた詩や文章427編を集めたもので、不朽の名作と称賛されている。その一方、日本初のエロ本である自作の『鉄槌伝』も、『本朝文粋』の1編として収載されている。その点がいかにもこの人物らしい屈折したところであった。

『鉄槌伝』は700字余りの短文だが、鉄槌（ペニスのこと）を擬人化したもので、これまでの日本文化では考えられないような作品である。漢文で書かれているので、読み下し文を一部だけ引用するが、注釈が多くなり、読み辛いことをご容赦願いたい。

「……鉄槌、字《あざな》は藺笠《いがさ》（藺で編んだ笠。巨根の隠語）、袴下毛中の人なり（袴の下、毛の中にあるという意と、袴下という家中の人物の意をかけた表現）。一名磨裸《まら》。その先（先祖の意と、先っぽの意をかけたもの）は鉄脛《てっけい》（鉄のように硬い茎）より出づ。身長七寸、大口にして、頸下（雁首のところ）に付贅（ムダなもの。ここではこぶやイボの意）あり。……長大するに及んで朱門（貴族の家。ここでは玉門＝女性器の意）に出仕す。甚だ寵幸せられ、擢《ぬき》んでて開国公（国を発展させる人物。ここでは開＝女性器を発展させた人物）となす。琴弦・麦歯（ともに名器の表現。第1話に登場）の奥、究通せざるなし」（佐藤要人ほか『日本の艶本・珍書・総解説』自由国民社）

「鉄槌は袴の下、毛の中にあり、一名をマラという。長さは7寸（約20センチメートル）、雁首のところにいぼが付いている。成長するに及んで女性器に出入りし、大いに寵愛される。女性器を発展させる人物として擢んでた功績を残し、あらゆる名器の奥まで究めないものはない」というわけである。続いてフグリ（陰嚢）とペニスの「友好関係」が語られた後、主題はペニスの妻、すなわち女性器に移る。

「鉄槌が妻は同郡の朱氏（朱は女陰の隠語）が女《むすめ》なり。好んで啼粧《ていしょう》（うるんだような目つきの化粧）をなす。……容色漸《ようや》く衰え、ここに袴下にて、鉄槌と同穴の義を結ぶ。鉄槌の老容（老いたる姿）を見る毎に、未だ涕《なみだ》を流して悲思せざることなし。後に朱門落魄《らくはく》して（女性器も落ちぶれて）、一端の褌（ここでは女の腰巻きの意）を著《つ》く（これまで付けるヒマのなかった腰巻きを付けた）。……しかし昆石（女陰のこと）高くそばだてば、望夫の情禁じ難く、琴絃（女性器）、急に張れば（性欲がきざせば）防淫の操脩まらず（ガマンできないの意）。況んや（鉄槌の）一浅一深、法を竜飛（正常位）に取り、或いは仰ぎ或いは臥し、術を蟬附《せんぷ》（後背位の変形）に施すをや。彼の犢鼻《とくび》、夜湿り、雁頭（男の雁首）気衝く（いきり立つ）に至っては、此は是れ淫奔（男女が思いのまま乱れること）、誰か矩歩《くほ》と称《い》わんや（誰が正しいやり方ではないなどといえようか）」

（鉄槌の妻は容色が衰えた頃に鉄槌と関係を持ったが、鉄槌の老いた姿を見る度に涙を流して、こんな老人を選んだことを悲しんでいた。後に自分も落魄し、それまで着る暇もなかった腰巻きを付けるようになった。しかし性欲がきざせばガマンできなくなり、正常位から後背位まで思いのままに乱れた）

全文こういった描写によって構成されており、まるで江戸時代の戯作者を先取りしたような洒落っ気に溢れている。この短い文章によって、男はペニスにイボのようなものがあることを尊ぶという俗説が、すでに平安時代には定着していたことが知られるし、「開」という文字がこの頃から女性器の隠語として流通していたことも確認される。

初の春画は法隆寺の天井裏に描かれた

一方、春画集の第1号は『小柴垣草子』といい、別名『灌頂絵巻《かんちょう》』とも呼ばれている。日本で初めての春画は法隆寺の天井裏に描かれていた墨絵だといわれる。法隆寺は607（推古天皇15）年に創建されたが焼失、700年頃に再建されたと推測されているから、この春画は再建工事に携わった大工が残したというわけである。

続いて701（大宝元）年に「大宝律令」が制定されると、医学を志す者は「偃息図《おそくず》」を学ぶことが義務づけられた。これは鍼灸のツボなどを記した「人体解剖図」だったが、全裸の男女像に初めて接した日本では、性的な意味を持つ絵と理解され、「偃息図」が春画を意味するようになった。その中には性交の図が含まれていたという説を主張する研究者もいるが、その根拠は示されていないようだ。「偃息図」という言葉は以後1000年以上、江戸時代の終わりまで生き続けた。

その後、鳥羽僧正覚猷《かくゆう》作といわれる「陽物くらべ」が1100（康和2）年から1125（天治2）年頃に制作された。これは「陽物くらべ」と「放屁合戦」の2部からなる戯画で、とくに多くの男性がペニスの大きさを自慢し合っている「陽物くらべ」は絵の確かさといい、ユーモラスな感覚といい、傑作と呼ぶに値する作品である。しかし春画というには女性の影がまったく感じられない点からして、宗教者の同性への思いを表したものののように思われる。

花嫁道具だった春画集『小柴垣草子』

これに対して、本格的な春画集である『小柴垣草子』が誕生したのは平安時代も終わりに近い1172（承安2）年だった。

986（寛和2）年6月、宮廷にとって思わぬスキャンダルが発生した。花山天皇の娘で、伊勢神宮の斎女となるため、京都の野宮神社で斎戒沐浴の生活を送っていた済子《なりこ》が、前日から済子の警護役として派遣されていた平致光《たいらのむねみつ》と密通したことが発覚したのだ。国家の正史である『本朝世紀』第十にはこの事件について「(致光が) 密かに斎女王を突きたり」と記載されている。

致光は美男子として有名だったから、済子の方から誘ったと想像されるが、皇女が身分の低い警護の役人と密通したとあっては宮中の権威もがた落ちである。だから致光がレイプしたという形にしたのであろう。また『日本紀略』寛和2年6月19日の項にも、「丙辰。伊勢斎宮済子、野宮において滝口武者平致光と密通の由風聞。神祇官を召し出して、事の実否をただすため祭文をなすよう仰せられた」

とあり、そのお祈りが4日から7日に及んだと記載されている。

この事件を絵巻物にしたのが『小柴垣草子』である。浮世絵研究の第一人者といわれたリチャード・レインは『定本　浮世絵春画名品集成17　小柴垣草子』（河出書房新社）の解説において、「この有名な絵巻の原本は建礼門院（平清盛の娘）が1172（承安2）年、高倉帝と婚約した時に彼女の伯母から贈られたものといわれ、秘画が花嫁の性の手引書として利用された最初の例」であり、「真に好色的、催情的といえる絵巻物の最初」と指摘している。これが正しいとすれば、春画は平安時代から花嫁道具の一つとされてきたわけである。『小柴垣草子』の原本は残っていないが、模写本の多いことで有名である。とくに江戸時代の1779（安永8）年、1800（寛政12）年、1831（天保2）年、1849（嘉永2）年に模写本が造られた。しかもそのどれもがきわめてレベルの高い絵師によって模写されたことが特徴で、レインは『小柴垣草子』の模写には大名が著名な絵師に描かせた〝大名もの〟が多いとし、自分が取り上げた作品もその一つだと断言している。

いずれにしろ『小柴垣草子』は、その発端となった歴史のエピソードや、春画としてのレベルの高さによって、浮世絵の歴史に特異な地歩を占めることになったのである。

第3話　僧侶と美少年の夜

男色の始祖とされた弘法大師

「男色の戯れは弘法以来のことなり」といったのは江戸時代の儒学者の貝原益軒である。当時の川柳にも「弘法は裏、親鸞は表」という句がある。裏とは男色のことで、弘法とは真言宗の開祖である空海を指している。これに対して「親鸞は表」というのは、僧侶の女色を認めたのは親鸞だという意味である。これらの例からしても、江戸時代には僧侶の男色は弘法大師から始まったという見方が、俗説として広く行き渡っていたことが想像される。

弘法大師が男色（ホモ）の始祖かどうかはともかく、平安時代にはさまざまな男色のエピソードが残されている。たとえば『古事談』巻第一には後一条天皇と源隆国のユニークなホモ関係が、こう紹介されている。

「隆国卿頭とて、御装束に奉仕す。先に主上の御玉茎を探り奉るに、主上、隆国の冠を打ち落とさしめ給ふ。敢へて事を為さじして本取《もとどり》を放ち給ふ。是れ、毎度の事なり」というもので、源隆国は大きな儀式の際に、その設営をつかさどる「装束」という役職だったが、天皇と会うと、その男根をギュッと握ったというのである。これに対して天皇は隆国の冠を打ち落とし、本取をはずしてざんばら髪（バラバラの乱れ髪）にした。公の場でのざんばら髪はもっとも恥ずかしいこととされていたが、2人の間ではそれが毎度のことだったというのである。

後一条天皇は在位1016（長和5）年3月〜1036（長元9）年5月、平安時代中期の天皇だが、この頃には主従の間に、こういうホモ関係も存在したわけである。

高僧と稚児のための性典

平安時代中期といえば、天台宗において『弘児聖教《こうちごしょうぎょう》秘伝《ひでん》』が記録されたのも同じ時期のことであった。これは高僧が得度したばかりの少年僧を稚児として愛する「稚児灌頂」という儀式の一つで、ホモになるための式次第が「秘伝」として密かに残されたのである。この秘伝は1941（昭和16）年頃まで恵心僧都《えしんそうず》・述と伝えられてきたが、現在ではその説に疑問が提示されているという。ちなみに恵心僧都は天台宗の僧で『往生要集』の著者として知られるが、浄土真宗でも「七高僧」の1人に挙げられている名僧である。

内容は「尻ニオイテ多ノ異名在ルコト」「僧ノ児《ちご》用フベキ様ノコト」「陰所ノ作法」など5章に分かれているが、残りの2章のことはよく分かっていない。この3章も「尻ニオイテ多ノ異名在ルコト」とは尻の異名を集めたコーナーと想像されるが、それがどんなものかは伝わっていない。

「僧ノ児用フベキ様ノコト」はこの儀式の式次第を述べたもので、それは稚児と師の阿闍《あじゃ》梨《り》の準備から始まり、冒頭に「灌頂の日の1週間前から、稚児は隔離された別室で精進潔斎して準備を整える」「灌頂を授ける師の阿闍梨も、灌頂のための道場を設けて準備を始める」といったことが記されている。

続いて阿闍梨は左右に机を配置する。左の机には櫛箱、油壺、眉筆、元結い箱（髪を結い束ねるための糸やヒモを入れる箱）、五倍子《ふし》箱（お歯黒の原料である五倍子を入れる箱）、お歯黒筆、爪切り用の小刀、楊枝（歯の清掃用）、鏡などの化粧道具が並べられ、右机には宝冠や稚児装束が置かれるという。

その当日になると、阿闍梨は心身を香水や香炉で清めて道場に入る。阿闍梨が本尊を拝んでいると稚児が入場し、阿闍梨を三拝して着座、自分の手に香を塗り付けて清める。それが終わると、師の阿闍梨は「衆生無辺誓願度」（衆生は無辺なり、誓って度せんことを願う）などの「五大願」を稚児に唱えさせる。さらに稚児に「煩悩消除」の象徴として楊枝を噛ませ、「誓いの水」を飲ませる。

ここまでが宗教的な儀式であり、この儀式を済ませた稚児は観世音菩薩へと変身したと見なされ、阿闍梨は稚児を上座にすえ、自分は下座に場所を移す。なぜなら稚児は菩薩へ変身したのに対し、高僧は宗門内の地位こそ高いものの俗人の域を出ないからである。

さて一連の儀式が終わると、阿闍梨はお歯黒筆で稚児の真っ白な歯を黒く染める。これは結婚した女性が、夫のものになったことを示すためにお歯黒をするのと、同じ意味を持っていたようだ。

さらに阿闍梨は櫛を取って稚児の髪をなで化粧を施す。先ず櫛で長い髪を後ろでそろえ、仮に結ぶ。それが終わると額にかかる髪を八の字に振り分け、顔に白粉と眉墨を施し、髪を平元結いに結ぶ。この後、阿闍梨は菩薩に「煩悩消除」、すなわち自分の悩みを解消してもらうため稚児を別室へ導き入れる。「煩悩消除」とは性の悩みを解決するという意味で、つまりアナルセックスのことである。この場になると、待ちかねたように頬ずりしながら誘う風景も珍しくなかったという。

ここからアナルセックスへと場面が進むのだが、その方法については「陰所ノ作法」という項目で語られている。それによると、稚児は僧に会う前の作法として稚児自身が自分の肛門を「誘《こしら》ふ」ことが必要とされる。具体的には稚児が自ら肛門をよくもみほぐし、油や唾などをさして、なめらかにすることをいう。十分に準備した後、僧の性器を受け入れることが「結願の夜」であり、稚児の方も交接をすませて初めて本当の菩薩の地位を得ることができるのだという。

要するに「稚児灌頂」とは少年僧へのアナルセックスを正当化するための弁解であり、それを「煩悩消除」とか救済という言葉で美化したセレモニーといってよい。当時の仏教では稚児の肛門のことを法性花《ほっしょうげ》と、特殊な名称で呼びならわしていたという。アナルセックスという形で仏の教えを具現化した精華とでもいうのだろうか。

「陰所ノ作法」の項にはもう1つ、注目すべきことが記されている。

「人多クニ合ント思ハン時ハ左右ノ腹ワタヲツカンデ身ヲヨルベシ。人ノ多クアルニ随テ、アマタ度匕加様ニ可シ為」

この文章は意味が判然としないところもあるが、多くの人とアナルセックスをする時の心得について述べていることは確かである。さらに次のような記述もある。

「僧何トアマタ有リトモ漏事■（判読不能）可有稚児ノ身トシテ一人モ漏ス事ハ見苦事也」

この一節にも2つの見方ができるようだ。1つは多くの僧とアナルセックスをしても、稚児がその僧の射精したものを洩らすのは見苦しいという意味。もう1つはアナルセックスで、稚児が射精することを見苦しいと戒めているという見方である。そのどちらかは決めかねる。

女以上に女らしい稚児の世界

こうして高僧と稚児の愛の日々が始まるのだが、これにも多くの決まりごとがあった。平安時代には腰より長く伸ばした髪が美人の絶対条件とされたが、稚児の場合も同様で、美しく長い髪が求められた。阿闍梨は稚児の髪をなでながら、櫛で長い髪を後ろでそろえ、仮に結ぶ。それが終わると額にかかる髪を八の字に振り分け、顔には前述したように白粉と眉墨を施し、髪を平元結いに結ぶ。高僧にとっては、これらを毎朝行うことが無上の歓びだったという。

衣装は通常は水干（狩衣のように袴の上に着て帯を締めるもの）を着用したが、内裏の女房たちの上着であった小袿《こうちぎ》や打掛けを着せる阿闍梨も多かった。また外出時には袈裟で頭からすっぽりと顔を包んで出かけた。出かける時の履き物も女物を使うよう仕付けられたという。そのほか、身のこなしや日常の振る舞いなども、貴族の女か、それ以上の女であることが要求された。その姿に山門の山伏たちはうち震えながら見入ったという。

いずれにしろ稚児によって、女以上の女の美しさを造り出そうとしたのであり、仏教の繁栄と絢爛たる貴族文化の中で、大変特異な性の世界が現出していたのである。これがきっかけになって、鎌倉時代には『稚児草紙』という絵巻物が造られた。さらに室町時代に入ると、『秋夜長物語』『松帆浦物語』『幻夢物語』など、各種の「稚児物語」が人気を呼ぶことになった。

（注）この項は藤巻一保『性愛の仏教史』（学研パブリッシング）、及び辻晶子「今東光『稚児』と『弘児聖教秘伝私』」（「奈良女子大学日本アジア言語文化学会」第38号）を参考にさせてもらった。

第4話 遊女は平安時代のキャリアウーマン

『万葉集』に登場する最古の遊女

日本の売春の歴史は、あるできごとをきっかけに様相が一変する。そのできごととは遊郭ができたことである。桃山時代の1589（天正17）年、豊臣秀吉は京都・万里小路《までのこうじ》に初の遊郭を開設させた。これが後の島原遊郭である。続いて江戸時代が始まって間もない1617（元和3）年、吉原遊郭がオープン、以後、売春の歴史は遊郭の歴史とほとんど重なり合うことになる。

では遊郭以前の売春の実態とはどんなものだったのだろう？

『万葉集』巻六に太宰府の児島という遊行女婦《うかれめ》の作った歌2首が採られている。

「凡《おほ》ならばかもかも為むを恐《かしこ》みと振り痛《た》き袖を忍びてあるかも」

「倭道《やまとじ》は雲隠りたり然れどもわが振る袖を無礼《なめ》しと思ふな」

その意味するところはこうである。

「普通のお方なら、ああもこうもしたいのに、恐れ多いので、いつもなら激しく振る袖もがまんして振らずにいます」

「大和へ行く道は雲に隠れています。しかしこらえきれずに振る袖を、どうぞ無礼とは思わないでください」

　この児島という遊行女婦が資料の上で最初に登場する遊女とされている。旅人と児島の仲はかなり濃厚だったらしく、旅人は備前児島を過ぎた時、太宰府の児島を偲んで、次のような歌を作った。

「ますらをと思へる吾《われ》や水茎《みづくき》の水城《みづき》のうへに涕拭《なみだのご》はむ」

「自分は立派な男子だと思っていたが、お前との別れに、水城の上で涙を拭った……」というわけで、遊女との別れが辛くて泣いたというのだから、その親密さがうかがわれる。

『万葉集』には児島のほかに越中（現富山県）の4人の遊行女婦の歌が採られている。彼女たちが名を残したのは太宰府の児島よりも少し後のことだが、『万葉集』に登場するという意味では、同時代の人々といってよい。

　ところで遊行女婦を辞書風に定義すると、「各地をめぐり歩き、歌舞音曲で宴席をにぎわした遊女。うかれめ」（『大辞泉』）ということになる。こういう見解がこれまでの常識であった。

しかし最近の研究によれば、その見方は大幅に変更を迫られつつあるようだ。ある研究者によると、万葉の時代には中央から派遣された官人にひけを取らない教養を持つ女性が地方にも沢山いて、官庁などの宴会に誘われて参加し、歌作りでも非凡な才能を発揮した。しかも彼女たちは「生を楽しみ、はげしい情熱の表現者であった」（扇畑忠雄による）という。

当時は歌垣の盛んな頃だから、彼女たちも宴の後には男性と寝たと想像されるが、金銭の授受があったかどうかははっきりしない。仮にお金を受け取っていたとしても、少なくとも専業の売春婦ではなかったというのである。むしろ歌の才能を通して世に認められたいとか、女官に取り立てられたいという意欲の方が大きかったようである。

遊女と豪遊する藤原道長

では専業の遊女、金稼ぎを目的とする遊女が登場するのはいつ頃か。

服藤早苗の『古代・中世の芸能と買売春　遊行女婦から傾城へ』（明石書店）によると、892（寛平4）年刊の『新撰字鏡』という辞書では「淫」を「宇加礼女《うかれめ》」と読ませているという。「うかれめ」の所行が「淫」と見なされるようになったこの時期に、性を売る女性という認識が定着していたことが想像される。

その一例が紀長谷雄《きのはせお》の『競狩記《くらべかりき》』に見えている。898（昌泰元）年10月、宇多天皇が狩りをしながら大和・河内・摂津を回った時、一行は桂川と鴨川が合流するあたりにあった赤目御厩《みうまや》に到着、そこで宴会が始まった。その時の光景を記述したもので、「遊女数人、入り来りて座にあり。……好風朝臣、その懐を探り、口を吸い、戯言多端、つぶさにいうべからず」

その後、どんな情景が演じられたかは推して知るべしである。

では、彼女たちの稼ぎっぷりはどんなものだったか？　1000（長保2）年3月、東三条殿（摂政・藤原兼家）が石清水八幡宮や住吉大社などに詣でた際には、息子の道長も同行して、「小観音」という遊女と関係を持ったことが大江匡房の『遊女記』に記載されている。この時、道長は「小観音」に米50石を与えたという。服藤は共寝代としてはあまりにも多すぎるので、「道長の座敷に呼ばれた遊女全員に対する纏頭《てんとう》（歌や踊りを披露した者への褒美）ではないか」と想像しているが、それにしても高価なご褒美ではある。

道長の豪気な振る舞いは、彼が出世するにつれて、いっそう派手なものになった。10

1014（長和3）年10月、道長は一条天皇の第1皇子である敦康《あつやす》親王を宇治の別荘に連れ出して、遊女遊びを行った。呼ばれた遊女は40人以上、歌作りや音楽でひと遊びした後、道長は自分の着ている衣を脱いで遊女にプレゼントし、親王にも同じようにするようアドバイスをした。さらに絹100匹、米100石を遊女にプレゼントしたという。1匹は2反だから絹200反に、米100石というわけである。

親王は当時14歳、この時、初めて女を知ったのだろう。一条天皇は自分の息子に女遊びを教える道長について、「極めて不善のことなり」と、不快感を表したと、藤原実資《さねすけ》の『小右記』は伝えている。

貴族たちの豪遊ぶりについてはほかにも沢山の例が記録されている。道長の父の兼家は988（永延2）年9月、自宅の新築祝いを行った。『日本紀略』にはその様子が、こうある。

「左右大臣（源雅信・藤原為光）以下多く以て集会す。……会者、詩句を誦し、歌曲を唄う。河陽の遊女群集。絹40匹、米60石を給う」

さらに遊女は男たちの宴会に呼ばれるだけではなく、和歌作りの上手な遊女は、貴族夫人の船遊びなどにも招かれた。996（長徳2）年9月、一条天皇の母・東三条院詮子《せんし》が男女の貴族をお伴に、石山から辛崎まで船遊びを行った。遊女も船に乗っていたが、お伴の女房や上達部（高級貴族）、殿上人（清涼殿への出入りを許された中級官人）などが着物を脱いで、遊女にプレゼントしたという。

着ているものを遊女にプレゼントすることは慣習として定着していたらしく、さまざまな史料にその様子が記載されている。それだけ実入りになるのだから、和歌作りや美貌に自信を持つ女性で、遊女を目指す者が跡を絶たなかったのである。大坂の淀川と神崎川の分岐するところにある江口の里は、貴族相手の遊女の里として知られていたが、大江匡房の『遊女記』によれば、ここは遊女の船で水面が見えないほどだったという。

美貌と才覚で成り上がる女たち

ただし、ここでも忘れてならないことがある。

たとえば『後撰集』という勅撰和歌集に大江玉淵《おおえのたまぶち》朝臣女という遊行女婦の歌が採られている。大江玉淵朝臣女とは大江玉淵という少納言の娘という意味で、その女性が遊女をしていたというのである。

こういう紹介をすると、父親の大江玉淵が没落したため、娘が遊女になって親を助けているといったイメージで見られそうだが、そうではない。父親は886（仁和2）年に日向守に任ぜられており、玉淵の父親の音人は朝廷随一の学者として尊敬されていたし、息子の朝綱も参議で、博識の人として知られていた。この遊女は没落貴族どころか、今をときめく貴族の娘なのである。

この点は彼女たちの客の男性を見ていくと、いっそうはっきりする。陽成天皇の第2皇子である元良親王は「たきき」という遊女のもとに通っていたし、後白河院も江口の遊女との間に承仁法親王をもうけている。平安時代の朝廷は因習にとらわれた社会だったから、皇族や貴族の仲間入りをしようとなると、細かい仕来りに通じておくことが必要で、そのためには相当な教養が求められた。彼女たちはその条件をきちんとクリアしていたのである。

要するに彼女たちは、歌作りの才能で宮中女官としての栄達をはかったり、美貌を武器に高官の妻の座を占める、さらには財をなすことを欲したのであり、それは当時の女性たちに認められたキャリアアップの道であった。

第5話 性の奇祭の大流行

エロ満載、天下の五奇祭

奈良時代以前からこの国の基盤を形成していたさまざまな性風俗は、国家が整備されるにつれて、国の繁栄を寿《ことほ》ぐセレモニーへと変質した。男女が歌を交わしながら性関係にいたる歌垣は、踏歌《とうか》と呼ばれてエロティシズムとは無縁の皇室行事になったし、田植えも豊作祈願と称して男女の性交の姿を演じたり、場所によっては豊作祈願を口実に、実際に性関係を結ぶケースが見られたが、皇室行事として定着した結果、御田（おた、またはおみた）祭りという色っぽさの削がれたイベントになった。

しかし、「エロ」抜きの祭りが国家の行事として定着する一方、庶民の間にはあらたなエロの祭りを創ろうとする動きも活発になった。『八雲御抄《やくもみしょう》』は順徳天皇の著書で、鎌倉時代の1200年頃に成立したものだが、そこに「天下の五奇祭」として挙げられた祭りは、いずれも平安時代に生まれた新しい性の奇祭であった。

五奇祭とは「江州《ごうしゅう》筑摩社の鍋被《かぶ》り祭り、越中鵜坂《うさか》社の尻叩き祭り、常陸鹿島神宮の常陸帯、京都・大原の江文社の雑魚寝、そして奥州の錦木」の5つを指す。この中でも前に挙げた3つは平安時代の時代風潮を祭りという形で具現化した証しであった。

江州筑摩社とは現在の滋賀県米原市朝妻にある筑摩神社で、鍋被り祭りは土地の女性が1年間に関係した男の数だけの鍋をかぶって参拝するという祭りである。平安時代の初期に始まったといわれ、『伊勢物語』にも、

「近江なる筑摩の祭りとくせなむつれなき人の鍋の数見む」

(近江で行われる筑摩の祭りを早くやって欲しいものだ。私につれなくした女性がかぶった鍋の数を見たい)

という歌が見えている。沢山の男性と関係した女性が数をごまかすと神罰が下るとされたが、実際には過少申告する女性はいなかったらしい。それというのもこの地は交通の往来が激しく、朝廷の御厩《みまや》も置かれていた。御厩とは皇室や公家が旅行する際、馬や牛車などの世話をする役所である。そういう繁華な土地だけに歌垣なども盛んだったらしく、沢山の男性とセックスすることは恥ではなく、女性の誇りであったからである。

経験した男の数は女の勲章

同じことは越中鵜坂社の尻叩き祭り、常陸鹿島神宮の常陸帯にもいうことができる。鵜坂社は現在の富山市にある鵜坂神社のことで、平安時代後期の歌人として知られる源俊頼は、この祭りについて、

「鵜坂祭りの夜は榊《さかき》にて女の男したる数にしたがひてうつなり」

と記している。つまり筑摩神社の鍋の代わりに男と関係した数だけ榊の枝で尻を打たれるというのである。ここにも中世には御厩が置かれており、歌垣も盛んだったと思われる。そこで多くの男を経験することは、当時の女性にとって勲章だった。女性たちはそれを告白することによって祭りのスターとなったのである。

これに対して鹿島神宮の常陸帯は、やや趣きが違っている。この地方では『常陸国風土記』の時代から歌垣が盛んだったせいか、平安時代には沢山の男を知っていることが、さほど目立ったことではないとされた。常陸帯の「神事」はそういう土地柄を背景にしたものので、多数の男と関係した女性が、「今夜はどの男にしようか」と迷った場合、帯（紙の短冊）に男の名前を書き付けて神前に供えると、1枚だけが裏返る。その男を選びなさいというのである。

鵜《う》阪《さか》神《じん》社《じゃ》の尻《し》打《う》祭《まつり》

接した男の数《かず》だけ鍋《なべ》を被《かぶ》るといふ近江《あふみ》の筑摩祭《つくままつり》の故事《こじ》は誰《たれ》でも知《し》つて居《ゐ》るが、それに類《るゐ》した越中鵜《えつちゆう》阪祭《さかまつり》の事《こと》はアマリ世間《せけん》に著《あら》はれて居《ゐ》ないやうだ、記者《きしや》が頃日購入《このごろかうにふ》した古絵本《ふるゑほん》の中《なか》に

いかにせむ鵜《う》阪の森《もり》に身《み》はすとも
君《きみ》が笞《しもと》の数《かず》ならぬ身《み》を　（後撰）

と題《だい》して此図《このづ》を載《の》せてあつた、鵜阪神社《うさかじんじや》の尻打祭《しりうちまつり》に就《つい》て、古《ふる》い本《ほん》に出《で》て居《ゐ》るのは

△鵜阪祭《うさかまつり》　越中鵜阪明神《えつちゆううさかみやうじん》の祭《まつり》の日《ひ》、榊《さかき》の枝《えだ》にて乙女《をとめ》の男《をとこ》したる数《かず》を禰宜《ねぎ》が打《う》つ事《こと》なりとぞ、かの祭《まつり》をしらたかの祭《まつり》と云《い》ふ、つくまの祭《まつり》の鍋《なべ》に似《に》たり　（増補俚言集覧）

△鵜阪川《うさかがは》　（原漢文）同《おな》ク森《もり》ニ祉《やしろ》アリ、鵜阪明神《うさかみやうじん》ト號《がう》ス、祭禮《さいれい》ニ神主《かんぬし》、榊《さかき》ノ枝《えだ》ヲ用《もち》テ婦女《ふぢよ》ヲ打《う》ツ但《ただ》シ多少《たせう》ハ觸《ふれ》シ所《ところ》ノ男夫《をとこ》ノ數《かず》ニ隨《したが》フ、猶江州筑《なほがうしうつく》摩祭《まつり》ニ鍋《なべ》ヲ被《かぶ》ルノ類《るゐ》ノ如《ごと》シ　（和漢三才圖會）

△鵜阪杖《うさかづゑ》　越中國婦負郡鵜阪神社《えつちゆうのくにねひごほりうさかじんじや》の祭日《さいじつ》に、神人祝詞《しんじんのりと》を宣《の》る時《とき》、一郷《ごう》の女子《ぢよし》に其年《そのとし》あへる男《をとこ》の数《かず》をいはせ、杖《つゑ》をもて女《をんな》の尻《しり》を打《う》つことある、其杖《そのつゑ》をいふ、其杖《そのつゑ》は賢木《さかき》のしもとなり、よて「しいいいもとだち」の祭《まつり》とも、「しりだち」の祭《まつり》とも云《い》ふ俗《ぞく》には尻打《しりうち》の祭《まつり》といふ　（八雲御抄、俊頼集）

△女郎花鵜阪《をみなへしうさか》の杖《つゑ》にたゝかれな　（猿《さる》みの）

これだけであつて、其委《そのくは》しい事《こと》は分《わか》らないが、今《いま》から二百年前頃迄《ねんぜんごろまで》は行《おこな》はれて居《ゐ》た事《こと》であるらしい、これが若《も》し明治《めいぢ》の今日迄《こんにちまで》も續《つゞ》いて居《ゐ》たならば、今《いま》の蝦茶式部《えびちやしきぶ》などは、その數《かず》の知《し》れぬほどお尻《しり》をメツト打《う》たれるであらう

鵜坂社の奇祭についての宮武外骨「滑稽新聞」の記事（明治41年8月20日号）

ただし、そういう形の祭りは長くは続かなかったらしい。いつの頃からか、多くの男と関係し、夫婦になることを求められた女が、どの男と結婚するか迷った時、帯に名前を書けば、「これは」と思う男性の帯だけが裏返るということになった。さらに『東海道四谷怪談』で知られる鶴屋南北が1813（文化10）年に発表した『戻橋背御摂《もどりばしせなにごひいき》』の中に、次のようなセリフがある。

「常陸帯の神事にて、暗がりながら拝殿の、帯にて縁を結ぶの神。引き合はせには、その夜の雑魚寝」

この文句からすると、江戸時代の後期には雑魚寝で相手の女性を決めるための手続きとか、くじと見られていたようだ。いずれにしろ、これらの奇祭が平安時代の女性たちの「自己実現」と見なされていたことは確かであった。遊女になることが理知的な女性のキャリアアップなら、これらの祭りは地方の女性が性のアイデンティティーを確認する機会だったといえるかも知れない。

雑魚寝は老若男女の乱交パーティー

五奇祭の中でももっとも名前が知られ、後世にまで大きな影響を与えたのが大原の雑魚寝である。これは毎年節分の夜に、江文神社の拝殿に老若男女が雑魚寝して、関係するという風習で、江戸時代には冬の季語にも挙げられていた。その様子については井原西鶴の代表作である『好色一代男』に「一夜の枕物ぐるひ」という一節がある。平安時代から500年後に書かれたものであり、平安時代とまったく同様ではないだろうが、その場の雰囲気を想像する手がかりにはなる。

先ず、雑魚寝の風習について、作者は言う。

「まことに今宵は大原の里のざこ寝とて、庄屋の内儀・娘、下女・下人にかぎらず、老若のわかちもなく、神前の拝殿に、所ならひとてみだりがはしくうちふして、一夜は何事もゆるすとかや」

こうして主人公の世之介は出かけるのだが、その場面は暉峻康隆訳の

大原の雑魚寝（井原西鶴『好色一代男』より）

『完訳・日本の古典 好色一代男』(小学館) から引用させてもらう。

「牛にでもつまずきそうな暗闇に紛れて様子を窺うと、まだあどけない姿で逃げまわっている娘もあり、捉まえられて断りを言っている女もいる。そうかと思うと、女からふざけかかっているのがあったり、しみじみと語り合っていたり、さてはまた一人の女を男二人で奪い合っているのなどは格別おかしい。七十ぐらいの婆をびっくりさせたり、あるいは姨を乗り越えたり、主人の女房をいやがらせたり、しまいにはむちゃくちゃに入り乱れて、泣くやら笑うやらうれしがるやら、聞いたよりもはるかに面白い有様であった」

鍋被り祭りや尻叩き祭りと共通したものがあるといったのは、ここでも関係した男の数が女の勲章になっていたことである。1214(建保2)年に成立した『東北院職人歌合《うたあわせ》』の「大原女《おはらめ》」の説明として、

「大原の里には神のちかひにて、男になれたる数を、足の首に結ぶ事の侍るとかや」

とある。つまり、大原の雑魚寝では関係した男の数だけ、女性が自分の足首にひもを結びつける風習があったというのである。1214年は平安時代が終わって約20年後だが、この風習が平安時代からあったという想像は許されるだろう。

江戸時代には雑魚寝の風習は全国に広がった。山形市の立石寺は松尾芭蕉が「閑かさや

岩にしみ入る蟬の声」という名句を残した寺で、860（貞観2）年、慈覚大師が開いたと伝えられている。この界隈では雑魚寝が盛んで、寛政年間（1789年〜1801年）に書かれた津村淙庵の『譚海《たんかい》』にも、

「七夕の夜、ふもとの町近辺より男女登山し、人家に宿し枕席を共にす。大原の雑魚寝といへる如し」

と述べている。一帯にはざこね峠という峠もあり、雑魚寝の村は「めたくた村」と呼ばれていた。めたくたは雑踏の意で、「大原の古風」を表しているという。

雑魚寝のためのお堂はほかの地方にも沢山あった。民俗学者の中山太郎は「お籠りの雑魚寝をいちいち挙げていくと、国尽くしをやることになる」と指摘しているほどである。

なお五奇祭の最後の錦木は、女性に恋をした男がその家の軒先に錦木を立てかけ、女性が家の中に取り入れたら思いがかなうといわれる風習で、秋田地方の伝説が伝えられたものである。それは引っ込み思案の男女に、きっかけを与えるアイディアとして広がったらしい。恋に積極的なこの時代には珍しい気配りが、順徳帝には好ましい風習と映ったのであろう。

第6話 宮中のセックス・スキャンダル

55歳の皇太后が僧侶と密通

『伊勢物語』といえば、平安時代のプレイボーイ・在原業平（825年〜880年）の女遍歴をテーマにした和歌文学で、王朝文学の傑作の一つとされている。しかし別の見方をすれば、平安時代は宮中やそれを取り巻く人々のセックス・スキャンダルの時代であったことを表す作品でもある。その主役の1人が『伊勢物語』の冒頭を飾る藤原高子《こうし》である。

藤原高子（842年〜910年）は五摂家の始祖である藤原長良《ながら》の娘だが、彼女の人生は歴史に残る2つの浮気話によって飾られている。最初のエピソードは在原業平との恋で、『伊勢物語』の三段から六段に登場する。

「昔、男ありけり。懸想じける女のもとに、ひじき藻といふものをやるとて、

思ひあらば葎《むぐら》の宿に寝もしなむ　ひじきものには袖をしつつも

二条の后の、まだ帝にも仕《つか》うまつりたまはで、ただ人にておはしましける

時のことなり」

（昔、ある男がいた。思いをかけていた女のもとに、ひじき藻というものを贈ってやるといって、〈あなたに私を思う気持ちがあるのなら、葎［荒れ地に生える雑草］の茂る廃屋でもよい、いっしょに寝たいものです。敷物にはひじき藻ではないが、衣の袖を敷くなりしてでも……〉という歌を贈った。二条［清和天皇のこと］の后が、まだ女御として帝にお仕えにならず、普通のお方でいらっしゃった時分のことである――）

高子が清和天皇の女御になったのは866（貞観8）年、彼女が25歳の時であるから、業平との仲はそれ以前からというわけである。ちなみに清和天皇は17歳であった。この頃、高貴な出の娘は天皇の后になるにしろ、貴族と結婚するにしろ、13、14歳で嫁ぐのが普通であったから、25歳という年齢はうば桜といってよかった。

四段以降、場面はガラリと変わる。四段では高子が天皇の后になったことを知った業平が、2人の逢い引きの場所であった廃屋の板敷きにうつ伏せになって涙にくれるシーンが描かれる。続いて五段では、御所の中で彼女の姿を眺めることができる場所に潜り込んだ業平は、じっとその姿に見入っていた。それを知った高子は心を痛めていたが、彼女の思いを知った天皇が業平との逢瀬を許すという設定になっている。

それでも満足できない業平は、ついに高子を連れて駆け落ちしたものの、あらかじめ警戒していた高子の兄たちによって仲を引き裂かれるというのが六段で、傷心の業平は高子の面影を忘れるために、いわゆる「東下り」という僻地への旅に出発することになる。

これが高子の人生前半における不倫話で、このストーリーが史実かどうかはともかく、国文学の世界では同様の話が『大和物語』にも描かれているから、2人の恋そのものは事実ではないかと推測されているという。

一方、後半の不倫は史実に基づく実話である。869（貞観11）年、清和天皇と高子の間に男子が生まれた。後の陽成《ようぜい》天皇である。清和天皇は876（貞観18）年、8歳のわが子に譲位し、881（元慶5）年、31歳の若さで死亡した。高子は882（元慶6）年、皇太后の尊称を受け、889（寛平元）年には清和天皇の霊を弔うために東光寺を建立した。

ところがまもなく、座主（住職）である善祐《ぜんゆう》とのスキャンダル（密通）が発覚、896（寛平8）年、皇太后の称号を剝奪され、善祐は伊豆に流された。高子が55歳、善祐は10歳くらい年下だったという。25歳がうば桜なら55歳は老女、平安時代の華麗な王朝文化は、このような性への執着の文化でもあったわけである。

孫の妻と子どもを作った白河上皇

白河天皇は第72代天皇で、清和天皇からざっと200年後に天皇の地位についた。在位1072（延久4）年〜1086（応徳3）年。即位する前年の1071（延久3）年に関白藤原師実の養女・藤原賢子を中宮とした。賢子との仲は非常に睦まじかったが、1084（応徳元）年、賢子が死んだ後は側近として仕える多くの女官・女房と関係を持った。

とくに晩年には下級貴族の生まれである祇園女御を寵愛し、同女は天皇の愛を後ろ盾に公然と権力を振るった。さらに関係を持った女性を次々と寵臣に与えたことから、崇徳天皇や平清盛が「白河法皇の御落胤」であるという噂が広がった。

1086（応徳3）年、実子である8歳の善仁親王（第73代堀河天皇）に譲位すると、上皇となって院政を敷いた。白河上皇は養女の藤原璋子《しょうし》と長い間関係を持っていたが、孫の鳥羽天皇が即位すると璋子を鳥羽天皇の中宮とした。しかし上皇と璋子の関係はその後も続き、彼女が妊娠すると生まれた子を崇徳天皇として即位させた。この子が上皇の子であることは鳥羽天皇も周囲の者も知っており、公然の秘密だったという。

また上皇はいわゆる「両刀使い」で女色、男色をともに好んだ。側近として重用された藤原宗通や、北面武士の藤原盛重や平為俊はいずれも男色関係の愛人といわれる。

不倫カップルの臣下同士もまた不倫

これらは当事者が天皇やその縁者だったから公にされたケースであり、不倫話はこれだけではなかった。『今昔物語集』によれば、太政大臣の藤原時平（871年〜909年）は、伯父の藤原国経の妻（在原業平の孫娘）を手込めにして「自分の妻にしてしまった」という。国経を酔っぱらわせて、寝込んだすきに関係したのである。

また『古事談』巻第一には源俊房（藤原道長の孫）が、前斎院の娟子《けんし》内親王（第67代後朱雀天皇の次女）を手込めにして、屋敷に留め置いていたという話もある。斎院は処女であることが絶対条件であるから、俊房には処女で天皇の娘という内親王の存在が魅力的に映ったのだろう。後冷泉天皇は宇治殿（藤原道長の長男・頼通）の威光を恐れて曖昧な処理ですませようとしたが、皇太子（後の後三条天皇）が激怒して、ようやく表沙汰になったという。

もう1つ、不倫の時代を支えた脇役として欠かせないのが臣下たちである。彼らは主人の不倫相手の侍女と示し合わせて、2人の仲を取り持ち、自分の出世をはかった。その場合、自分たちも不倫するケースが多かったという。

　こうして公家の密通事件が頻発した結果、それらの事件にはお互い関知しないという不文律がもうけられた。あまりに多すぎて朝廷も仲間内でも、関わっていられなかったのである。

　江戸時代随一の学者に挙げられる新井白石は『読史余論』の中で、当時の世相を、「いひつべし、父父たらず、子子たらず、兄兄たらず弟弟たらず、夫夫たらず、婦婦たらず、君君たらず臣臣たらず」

と罵倒している。人間社会の態をなしていないというわけである。

　ちなみにテレビの時代劇などでは、冬の夜、腰に提灯をぶら下げた老人が「火の用心、さっしゃりませえ」と叫びながら、拍子木を打って回るシーンが時々登場する。保立道久の『中世の女の一生』（洋泉社）によれば、拍子木を鳴らしながらの夜回りがスタートしたのは平安時代のことで、その背景には火事や犯罪に対する警告とともに、「今、そこで姦通している男女」への警告の意味も込められていたという。

第4章 戦乱の世を癒すエロ

鎌倉〜安土桃山時代

第1話　新たなサービスガール・湯女

有馬温泉の大湯女、小湯女

源頼朝が鎌倉幕府を開いたのは1192（建久3）年である。それによって平安時代の貴族文化が終わりを告げ、以後、700年近く続く武士の時代が幕を開けた。

その前年、性風俗の面でも画期的なできごとが起こった。摂津国有馬温泉（現神戸・有馬温泉）に「湯女《ゆな》」という新しいサービスガールが登場したのである。湯女はその後の銭湯の歴史を大きく変えた存在であり、同時に性風俗を一変させた遊女であった。

湯女とはどういうものか。1678（延宝6）年頃に刊行された『有馬大鑑迎湯抄』に、こう説明されている。

「婢女を抱ゆる坊、一の湯二の湯に十坊ずつ二十坊なり。婢女一坊に二人ずつ、すべて四十人」

婢女が湯女を意味することはいうまでもない。「坊」とは旅館のこと。有馬温泉は有馬

中央やや右に「一の湯」「二の湯」の文字が見える有馬温泉の様子（『摂津名所図会』より）

温泉寺というお寺を中心とした宗教施設であり、来訪者の健康に寄与する場所だという建て前に立っていたから、旅館も「宿坊」という宗教用語を用いたのである。

「一の湯二の湯に十坊ずつ」とは、当時の有馬温泉は現在の温泉地のように、各旅館に温泉を引き入れるという方式ではなく、一の湯二の湯という2つの共同浴場があり、そのそれぞれに10坊ずつの旅館が割り当てられ、泊まり客は旅館からどちらかの湯へ出かける仕組みになっていた、そのことを表している。

それに続く「婢女一坊に二人ずつ、すべて四十人」とは20軒の「坊」の1軒に2人ずつ、計40人の湯女がいたという意味である。

この後には湯女の解説が続く。湯女には大

湯女、小湯女の区別があり、大湯女の中でも年配の女性は嫁家《かか》湯女と呼ばれた。小湯女とは13、14歳〜17、18歳の子を呼んだという。40人の湯女のうち、遊女の務めを果たすのは小湯女の20人で、大湯女は共同浴場で客の世話をするかたわら、トラブルが起きた際のなだめ役とされていた。

性を売る小湯女の様子については、田中芳男の『有馬温泉誌』（松岡儀兵衛刊）に次のように記されている。

「白衣に袴をつけ、歯を染め眉を描きて、あたかも上臈の如き姿をなし、専ら高位公卿の澡浴せらるる前後、休憩の折に当り、座に侍りて或は碁を囲み、或は琴を弾き、または和歌を詠じ、今様をうたいなどして、つれづれを慰むるを以てわざとせり」

この記述から、湯女とは高級遊女の走りとされる白拍子をマネたものだったことがうかがわれる。またある貴族が残した「入湯記」には、

「一湯のゆな馳走せしむるに付き、一、二の湯を留めさせ、此方入る也」

とある。湯女をもてなすため、両方の湯を借り切って、自分もいっしょに入浴したというわけである。

遊女を置くのは「衆生の救済」？

ところで白拍子については第2話で触れるとして、湯女が出現するにいたった経緯を知るために、それ以前の有馬温泉についてで簡単にまとめておくと、有馬温泉の存在は奈良時代以前から知られており、舒明天皇は631（舒明天皇3）年に3か月にわたって滞在したほか、638（舒明天皇10）年にも湯治に訪れた。孝徳天皇も647（大化3）年に行幸し、臨時の御所を設けて滞在したことが分かっている。

平安時代になると、歴代天皇から藤原道長を頂点とする高級貴族や高僧たちまでが相次いで訪れ、有馬温泉に出かけることが上流階級のステータスとされた。当時は「湯山に入る」という言葉が流行したほどで、これが有馬温泉に出かけることを意味していた。清少納言の『枕草子』でも、「湯はななくりの湯、玉造の湯、有馬の湯」と日本の三大名湯に挙げられている。ちなみに「ななくりの湯」とは「七栗の湯」と書き、三重県榊原温泉の古称である。

ところが地元で伝承されてきた通説によると、1097（承徳元）年に大洪水に見舞われ、壊滅的な打撃を受けた。以来、100年近く、有馬温泉は廃墟みたいに寂れていたが、1191（建久2）年、「熊野権現のお告げを得た」と称する仁西上人という人物がこの地に現れて、「衆生の救済」のために湯女という遊女を置くことを提案したというのである。

この時、参考にされたのが東大寺の創建時に実施された功徳湯だったという。功徳湯とは東大寺の大仏を造営した聖武天皇の夫人である光明皇后が、庶民の健康のために東大寺の大湯屋に庶民を入浴させて体を洗ってやったという故事を指す。その時世話係りを務めた下級僧は「湯那」（または湯維那）と呼ばれたが、男性の「湯那」の代わりに湯女という女性を配したのであった。

この説に対して田中は著書の中で、洪水の被害の話はまったく根拠がないことを実証、さらに田中に刺激を受けた地元の郷土史家も、洪水の話だけでなく、仁西上人が実在の人物かどうかもあやしいことを証明した。その結果、一見、宗教活動を装った有馬温泉のシステムは、洪水からの回復を目指して考案されたものではなく、最初から湯女という遊女を置くことを目的としていたらしいことが判明したのであった。

こういう曖昧な話は民間伝承の中にはいくらでもあるが、田中は日本に近代植物学を確立させた功労者であり、有馬地方の景観保存に尽力していたから、あまりにつじつまの合わない言い伝えに、科学者としてガマンできなかったようである。

有馬温泉のにぎわい(『摂津名所図会』より)

しかしそうなればなったで、次の疑問がわいてくる。それは皇族や公卿たちにすでに人気が確立していた有馬温泉に、嘘の伝説をでっち上げてまで湯女を置く必要があったのかという疑問である。

有馬温泉に遊女が誕生した背景には次のような事情が考えられる。前章で紹介した江口の里の遊女に代表されるように、平安時代には和歌作りの才能に自信を持つ女性や、美貌で鳴らした女性たちが、自分のキャリアアップのために次々に遊女を目指し、皇族や公卿などの高級貴族と性的な関係を持った。彼らとの間に子どもをもうけた例も多い。大江匡房の『遊女記』によれば、江口の里では、遊女の乗る船で水面が見えないほどであった。これによって遊女との交際に味をしめた高官たちの間に、長期間滞在することが多い有馬温泉でも女性が欲しいという要求が高まったことが予測される。

こうして誕生した有馬温泉の湯女の人気を後押ししたのが、「西国三十三か所」の霊場巡りがスタートしたことである。これは那智山青岸渡寺《せいがんとじ》（現和歌山県那智勝浦町）を第1番、谷汲山《たにぐみさん》華厳寺（現岐阜県揖斐川町）を第33番とするお寺の観音菩薩像をお詣りしようというもので、京都市内7か寺、京都府4か寺、滋賀県6か寺、大阪府、奈良県、兵庫県に各4か寺、和歌山県3か寺、岐阜県1か寺と7府県にまたがるレジャーと信仰を兼ねた旅行プランで、平安時代の中期には中下級貴族の間に人気が定着していた。

有馬温泉はその途中に位置し、皇族や高級貴族と同じ女を抱くことができるという思いが、湯女の人気をさらに高めることになった。

呼ぶのではなく、出向く性風俗の誕生

こうして湯女の制度が誕生したのだが、それが今度は遊女の歴史を根本から変えることになった。これまでは太宰府の遊行女婦《うかれめ》にしろ江口の里遊女にしろ、宴席に呼ぶことを前提としていたが、湯女の制度では〝そこ〟に行けば、いつでも女を抱くことができたので

あり、後の遊郭制度の萌芽とでもいうべきものであったのだ。

ただしブームになった故の悩みも尽きなかった。たとえば20人の小湯女では注文に応じきれず、しばしば順番待ちとなった。しかも同じ坊に宿泊している客の中には顔見知りもいれば、気の合わない貴族もいた。気の合わない男と同じ女を抱くことがガマンできないという例もあったようである。中には同じ坊に知人が宿泊していることを知って、突如、旅立つ客もいたという。

湯女制度はそういう矛盾をはらみながら４００年間続いた。その間、「湯女」という名称があまりに有名になった結果、遊女の代名詞として使われるようになった。戦国時代の軍記として知られる『太平記』にも湯女に関する記述が見えるし、江戸時代になると「湯女風呂」という名称の売春施設が誕生、一時は吉原遊郭をしのぐような勢いで広がったほどである。

第2話　義経と静御前

旅する遊女・白拍子

江戸時代の川柳を集めた『誹風末摘花《はいふうすえつむはな》』に、

「義経は母をされたで娘をし」

という句がある。1185（文治元）年、壇ノ浦の戦いで源氏方に敗れた平清盛の娘の徳子（建礼門院）は高倉上皇との間に生まれた安徳天皇を抱いて入水したが、源氏方に助けられ、義経に京都へ護送された。その際、義経が建礼門院を犯したというのが句の意味。「娘」という言葉が建礼門院を指している。

では「母をされた」とはどういう意味か？　義経は源義朝の九男として生まれたが、平清盛の台頭によりぼっ発した平治の乱で、反清盛の旗頭であった父が敗死。母親の常盤御前は今若、乙若、牛若の3人の子どもの命を助けるために清盛の妾になったといわれている、そのことを指す。ちなみに、

「意趣晴らし良い気味をした源九郎」

「門院は入水のほかに濡れ給ひ」

などの句も、同じ話を題材にしたものである。

ところで義経の女性といえば、何といっても静御前のことが欠かせない。静御前は白拍子という新しい時代の遊女であり、義経という悲劇のヒーローの物語を大輪の花で飾った女性であった。

白拍子の起源については『平家物語』巻一「祇王の事」の条に、

「我が朝に白拍子の始まりけることは昔、鳥羽の院の御宇に千歳、若の前、彼ら二人が舞い出したりけるなり。初は水干に立烏帽子、白鞘巻をさして舞ひければ男舞とぞ申しける。然るを中比より烏帽子、刀をのけられて、水干ばかり用ひたり。さてこそ白拍子とは名づけけれ……」

(日本における白拍子の起源は鳥羽天皇の時代に千歳、若の前の2人が舞い出したことに始まる。初めは狩衣に似た男子用の服に立烏帽子、白鞘巻をさしていたので、男舞と呼ばれたが、まもなく烏帽子や刀ははぶいて水干ばかり用いたので、白拍子と名づけられた)

と、平安時代後期の鳥羽天皇（在位1107年〜1123年）の時代に登場したことが明記されている。『源平盛衰記』巻十七「祇王、祇女、仏の前」という条でも、ほぼ同様の説明がなされている。

ところがこの記述を注意して読むと、天台宗などで高僧の性の対象となった稚児（第3章参照）にそっくりあてはまることに気がつく。つまり稚児が女装の美少年として、比叡山の僧侶や山伏たちの熱狂的な憧憬の対象になったように、白拍子は女性が稚児の装いを取り入れることによって、男装の麗人として新興の武士たちの情感をそそったのである。

白拍子にはもう1つ特徴があった。それは全国を旅する遊女だという点である。遊行女婦と呼ばれた万葉集の時代から、和歌作りの才能や美貌を武器にキャリアアップをはかった平安時代中期の女性まで、遊女はその土地に根付いた存在であった。遊行といっても勝手に歩き回るという意味ではなく、「遊びごとを行う女性」を意味していた。彼女たちは時代の先端を行く自立した集団であり、グループごとに「長者」と呼ばれるリーダー格の女性がいて遊女たちを束ねていた。

しかしこの時代の終わりになると、女性の和歌作りは衰退し、美貌の女性も「美女」という名称の召使いの階層の一つとされた。その中から主人の意にかなった女性が側室として引き立てられたのである。田端泰子／細川涼一『日本の中世4　女人、老人、子ども』

（中央公論新社）によると、義経の母親の常盤御前も木曽義仲の愛妾として有名な巴御前も「美女」という召使いから出た例だという。大ざっぱな言い方だが、平安時代の特徴であった「女性が活躍する社会」は、武家社会の到来とともに次第に衰退しつつあったのである。

その一方で全国を旅しながら遊女稼業を行う女性が登場した。そういう女性の代表的な存在が白拍子であった。彼女たちは生まれ故郷や育った土地などに「座」（職業組合のようなもの）を結成し、そこを拠点として遍歴の旅に出た。出かける時は姉妹や下女などとグループを組んでいることが多く、母親が座長を務めた。

静御前の母親も磯禅師という白拍子で、巡業の座長も務めた。淡路島の出身とも讃岐（現香川県）の出ともいわれる。白拍子は廻国巡業の身となることによって、「美人」という下女の階層に組み入れられることもなく、「自立した女」としての遊女の地位を全うすることができたのである。

義経も後鳥羽上皇も白拍子のとりこ

『義経記』によれば、義経と静御前が出会ったのは1182（寿永元）年7月、京都の神泉苑で「容顔美麗なる白拍子」100人による雨乞いの踊りが催された時が初めてで、静御前の舞を見た義経が側室にしたと伝えられる。とすれば義経は24歳ということになる。

その後、2人の仲について残された記録は決して多くない。3年後の1185（文治元）年10月、頼朝は部下に命じて、京都・六条堀川館にいた義経を攻めさせるが、いっしょに寝ていた静御前が敵襲に気づいて難を逃れることができた。義経は直ちに都落ちして九州へ渡ろうと試みたものの暴風雨に遭遇して失敗、仕方なく吉野山中に潜んだ。そこで11月の初め、静御前やその母親の磯禅師と別れた義経は、正室の郷御前や4歳の娘、それに弁慶らと奥州を目指して落ちていった。

静御前が取り残されたのは彼女が妊娠しており、山中の逃避行に耐えられないという事情もあったようだ。その後、頼朝の配下にとらわれた静御前は鎌倉に送られ、鶴岡八幡宮の社前で白拍子の舞を命じられた。この時、静は、

「吉野山　峰の白雪　ふみわけて　入りにし人の　跡ぞ恋しき」

（吉野山の峰の白雪を踏み分けて姿を隠していったあの人の跡が恋しい）

と、義経への恋心を堂々と歌ったことで知られている。激怒した頼朝はその場で手討ちにしようとしたが、妻の北条政子に止められて思いとどまった。しかし約4か月後、生ま

れた子どもが男の子だったために、頼朝から取り上げられ、赤ん坊は由比ケ浜に沈められたという。そして9月16日、静御前と磯禅師は京に帰され、その後の消息は不明——というのが、義経と静御前を巡る物語のすべてである。

静御前が残したエピソードは、彼女の悲劇の生涯とプライドの高さを物語っている。美貌と踊りの腕によって、義経というスターを射止めたという自信がとらわれの身となった時にもくずれることがなかったのである。

そして静御前の直後には、遊女としての性的な生き方と、芸の腕の両方で、後鳥羽上皇をとりこにした白拍子も現れた。脇田晴子の『傀儡子・曲舞・白拍子　女性芸能の源流』（角川書店）によると、後鳥羽上皇は亀菊という白拍子を寵愛し、摂津国の長江庄と椋橋庄を所領として与えていた。ところがそのかたわら亀菊は僧侶と密通していたという。脇田は亀菊がそのような待遇を受けた理由について、亀菊は自分の踊りの芸と性的な生き方に絶対の誇りを持っていた、後鳥羽上皇はそういう亀菊のとりこになっていたからだと述べている。

「自立した女」としての遊女の終えん

なお白拍子と同時代に、諸国を遍歴しながら遊女稼業を行う女性はほかにもいた。傀儡《くぐつ》と桂女《かつらめ》もその例で、白拍子以前から廻国巡業の遊芸人として知られていたのが傀儡である。当時は江口の里と、そのすぐ近くに位置する神崎の里が遊女の拠点として知られていたが、傀儡は男の人形使いの傀儡師といっしょに遍歴しながら遊女稼業を行っていた女性であり、大江匡房の『傀儡子記』に「(傀儡は)美濃、三河、遠江がもっともよい」と記されているように、京都から離れた辺境の地を遍歴していた。美濃青墓（現岐阜県大垣市）や箱根の足柄峠などの傀儡はとくに評判が高かったという。その点、江口や神崎の遊女が藤原一族などの貴族階級と結びついたのとは対照的であった。

一方の桂女は、もともとは京都の桂川沿いに住み、男たちが捕った鮎を鮎ずしにして売り歩いていた女性をいう。桂女も平安時代の中頃、つまり白拍子よりも先に登場し、物売りの女という意味で販女《ひさぎめ》とも呼ばれた。天皇に鮎を献上する役をになったこともあるという。

桂女は鎌倉時代の後半から武士の合戦に同行して、陣中で武将の夜のお伽を務めるようになった。脇田によると、そういう桂女が増えた結果、御陣女郎という呼び名もできたというから、その人数も相当な数に上ったのであろう。脇田は将軍足利義満の母親は桂女であり、徳川家康もお亀という桂女を陣中で寵愛し、その間に生まれたのが尾張藩の初代藩主・徳川義直だとも指摘している。

しかし御陣女郎として、有力武将の愛妾の地位は手に入れても、桂女に白拍子ほどの誇りを認めることは不可能だし、傀儡の場合、最初からそういう生き方と関わりのない遊女であった。こうして「自立した女」としての遊女の時代は白拍子をもって終わりを告げ、戦国時代の終わりからは籠の鳥として、遊郭という「異界」に封じ込められることになる。

第3話　お経による官能の芽生え

美声のお経でセックスそっちのけになる女

仏教伝来といっしょにお経も日本へやってきた。

東大寺を創建するなど、奈良時代の仏教の基礎を築いた聖武天皇や、平安京を開いた桓武天皇はお経を「目で読む」のではなく、口に出して読む「読経」を奨励し、2種類の経典を漢音（中国の原語）で読むことと、訓読（中国語の日本語読み）ができることを得度の条件とした。両天皇とも、とくに漢音での読経を広めることに熱心で、奈良時代末期から平安時代にかけて、4回の漢音奨励の詔勅が出されている。

お経を中国語で読むことが重んじられた理由は、十二律という中国の音楽と深く関わっていた。十二律の音楽は宇宙そのものを表しているが、漢音を習得することはこの音楽の核心をマスターすることであり、多くの僧が宇宙の原理を表す漢音で読経すれば、天皇の王権はいっそう強固になるとされたのである。

こうして読経は仏教を構成する大きな柱の一つとされたが、それが新たな性の風俗を造り出すことになった。その一例が『古事談』巻第二に挙げられている。

藤原道長の息子の頼宗は紀貫之、平兼盛と並び称される歌人で、右大臣を務め、京都の堀川（堀河）に屋敷を構えていたから「堀河右府」と呼ばれていた。右府は読経が上手なことで知られた四条中納言（藤原定頼）についてお経の勉強を続けていたが、一条天皇の中宮・彰子に仕える女房の中に色好みの女性がいると知って、2人ともその女性と関係を持った。

これから紹介するのはその後の経過である——。

「或る時、右府、先に件の女房の局に入り、已に以て懐抱す。其の後、納言件の局を伺ふ処、已に会合の由を知りて、納言、方便品を読みて帰り了《おわ》んぬ。女、其の声を聞き、感嘆に堪へずして、右府に背きて啼泣す」

（ある時、右府が先にこの女房の私室に入り、彼女を抱いていた。その後、中納言が彼女の様子をうかがいに来たところ、すでに2人が抱き合っていることを感じ取り、部屋の外から方便品というお経を読んで帰った。女はその美声に感動し、右府をそっちのけにして大声で泣いた）

というのである。文中、この女性は「小式部内侍」（和泉式部の娘）との注釈があるが、要するにある種の男性の声は、女性にとってそれほどの官能を呼び起こすというわけである。

念仏で宗教的エクスタシーへ

ところが平安時代後期の1117（永久5）年、「読経」をさらに官能的な音楽にした僧侶が現れた。それが良忍《りょうにん》である。

良忍は1072（延久4）年、尾張国（現愛知県）に生まれ、比叡山の僧侶となった。生まれながらの美声の持ち主で、音楽の天才として知られたという。五来重編『講座 日本の民俗宗教』第6巻（弘文堂）によると、良忍は当時伝えられていたあらゆる仏教音楽をマスターしていたが、中でも念仏を歌うように詠ずる時の美しさは、心をとろけさせるばかりであったと記述されている。

彼の念仏は法会に参加した門徒たちが「南無阿弥陀仏」という文句に美しい抑揚・高低の曲譜をつけて繰り返し繰り返し詠唱するというもので、その声の響きや感動の中で、自分の念仏は他人の念仏となり、他人の念仏は自分の念仏となっていくという考えである。

これは現代風にいえば、宗教的なエクスタシーに達することを意味していた。良忍はそのエクスタシーに達することこそ、念仏の本来の目的だとしたのである。

ちなみにお経に節をつけて歌うことを声明といい、良忍によって創始されて以来、日本独自の節回しとして江戸時代の浄瑠璃から明治時代の浪曲、そして現代の歌謡曲へと受け継がれてきた。これに対して和讃は仏や菩薩など仏教界の偉人をほめ称える歌で、インドには「梵讃」、中国には「漢讃」があるところから、良忍は日本における仏教の先達を称賛する歌を作ったのであった。

声明、和讃、そして念仏という三位一体の「合唱」の世界は、生きるための教理を学ぶという宗教の場から歌の官能に酔いしれる舞台へと変わり、歌うことによって宗教的なエクスタシーを追い求める営みとなった。そしてそのことが宗教界に激震をもたらすことになった。

美声が招いた法然・親鸞配流事件

1175（承安5）年、13歳から30年にわたって比叡山（天台宗）で修行を重ねてきた法然は、天台宗と決別して専修念仏の道に進むことを決意し、京都・東山の吉水というところで布教を開始した。これが浄土宗の始まりだが、その頃は吉水という住所から吉水教団と呼ばれた。専修念仏とは、観想念仏と称名念仏と2つある念仏のうち観想念仏を排して称名念仏のみを心のよりどころにしようというもので、法悦（宗教的なエクスタシー）を感得しようとする点では、良忍の跡を継ぐものであった。

しかし、この運動は参加する男女たちの心に別の感情をかき立てた。その点について宗教史家の今井雅晴は『一遍――放浪する時衆の祖』（三省堂）において、次のように述べている。

「専修念仏が世の人の目をひいたのは、それが一種の歌声運動だったからである。〝南無阿弥陀仏〟とひたすら唱え、人にも勧める先頭に立ったのは僧（男）であるとはいえ、きれいで魅力的な声の持ち主たちであった。……昼間は労働で忙しいから念仏の会は夜が多いとすれば扇情的な念仏の声ともなろう。集ってくる女性と僧との間に〝風紀問題〟が起きがちである。そしてこれが評判をよんで念仏の会に集る男女がさらにふえる」

この見方がもっとも劇的な形で具現化されたのが、鎌倉時代に入って間もない1207（承元元）年にぼっ発した法然と親鸞の配流事件であった。

この前年の1206（建永元）年、後鳥羽上皇の留守中に、上皇の寵愛を受けていた松虫と鈴虫という2人の側室が御所を抜け出し、法然の弟子の安楽房と住蓮房が開いていた念仏法会に参加するという事件が起こった。

安楽房と住蓮房はすばらしい美声の持ち主として知られ、彼らが声明や念仏を唱えると、その節回しや声の魅力に参加者はうっとりし、専修念仏の法門に帰依する者が跡を絶たなかった。松虫と鈴虫もその場で出家を懇願したばかりか、安楽房を上皇不在の御所に招き入れ、そのまま泊めたのである。

面子をつぶされた上皇は激怒し、専修念仏の停止《ちょうじ》を命じ、安楽房と住蓮房に死罪を言い渡したほか、別の2人の僧侶も「同類」として死罪に処した。住蓮房は京都の六条河原で、安楽房は近江国馬淵（現滋賀県近江八幡市）において処刑されたという。

さらに宗祖の法然と、高弟である親鸞を流罪とし、法然は讃岐（現香川県）へ、親鸞は越後（現新潟県）へ流されたのであった。これを浄土宗や浄土真宗では「承元の法難」と呼んでいる。

そしてこの流罪が、親鸞に浄土真宗を立ち上げさせるきっかけともなった。法然は約1年で許されたが、京都へ戻ることは許されず、大坂に滞在した。1211（建暦元）年、法然も親鸞も京都へ戻ることを許されたが、法然は2か月後に死亡。法然に会えないことを知った親鸞はあえて京都を選ばず、越後から下野国へと移りながら布教活動に没頭して彼の王国を造り上げたのである。

　これが戦国時代に、権力者に本気で歯向かったたった1つの庶民集団である一向宗の母体となったのである。

第4話 〈踊り念仏〉と性の狂乱

400年続いた庶民の地獄

日本の歴史で「戦国時代」といえば、応仁・文明の乱が起こった1467（応仁元）年から、1590（天正18）年、豊臣秀吉による天下統一までの約120年間を指すことが多い。しかしそれは政治の動きから見た時代区分であり、庶民の生活史という点からいえば、源平の争いが始まった時から徳川幕府が成立するまでの400年以上、ズーッと戦国時代であった。

なぜならその400年間、庶民の家は焼かれ、田んぼは軍勢が移動する際に踏み荒らされて、まるで津波に襲われた後みたいに使い物にならなくなったからである。その一例を軍記物語として知られる『太平記』から紹介すると、1338（延元3）年、北畠顕家《きたばたけあきいえ》軍が東海道を京都へ向けて進軍したが、その様子は次のように描写されている。

「正月八日に鎌倉を立って、夜を日についで上洛し給へば、その勢五十万騎、前後五日路、左右四、五里を押して通る。……路次の民屋を追捕（民家の財産を奪い取ること）し、神社仏閣を焼き払う。……街道二、三里が間には在家の一宇も残らず、草木の一本も無かりけり」

50万の大軍が左右4、5里（約16〜20キロメートル）に広がって通過するのに5日かかった。その間、民家の財産を奪い取り、1軒の家さえなくなったというのである。

それればかりではない。合戦に勝利した側が財宝を強奪し、村人を奴隷として連行することが当然の権利とされた。これを「乱取り」や「人取り」と呼び、大名たちも黙認していた。これは1564（永禄7）年のことだが、常陸小田（現茨城県つくば市）の小田氏治が上杉謙信に攻め落とされると、上杉軍の兵士は謙信御意（公認の意）のもと「人取り」に走り、1人当たり20〜30文という安値で人身売買が行われたという（池享『戦国大名と一揆』吉川弘文館）。庶民は戦乱によって生活を破壊され、あげくのはてに市場で売買されたのである。

これらの戦乱に加えて1150（久安6）年、1153（仁平3）年、1155（久寿2）年、1181（養和元）年と相次いで飢饉が発生。養和の大飢饉では京都のメイン通りに放置された餓死者だけで4万2300体を超えた。飢えに耐えかねて幼児の肉を食う者も見られたという。1231（寛喜3）年の大飢饉の場合、京都では春頃から餓死者が増え、道路には死骸が満ち溢れた。1428（正長元）年には関東地方で飢饉が発生、死者は鎌倉だけで2万人に達した。さらに1460（長禄4）年秋には中国地方から山陰にかけて大飢饉が発生。食糧を求める人々が京都に流入してきたため、1月からの死者だけで8万2000人に達した。死体は市中に溢れ、鴨川は死体が積もって水も流れず、橋の上に立つとあたり一帯は死臭に覆われていたという。

そういう状況が400年以上にわたって続いたのである。

踊り念仏とオージー・パーティー

その時、庶民の間で心の救済策として広がったのが「踊り念仏」であった。踊り念仏は時宗の開祖である一遍上人が1279（弘安2）年に創始したもので、1295（永仁3）年に成立した『野守鏡《のもりのかがみ》』の中で、次のように描かれている。

「一返房（一遍のこと）といひし僧、踊躍歓喜《ゆやくかんき》といふは踊るべき心也とて、頭をふり足をあげて踊るをもて、念仏の行儀としつ……直心即浄土という文につきては、よろず偽りすべからずとて、裸になれども、見苦しき所をも隠さず、ひとへに狂人の如くにして、憎しと思ふ人をば、憚ることなく放言して、これをゆかしく、たふとき正直の至りとて、貴賤こぞりあつまり、さかりなる市にも超えたり」

（一遍という僧は踊躍歓喜というのは踊りたいと思う心だと称して、頭を振り足を上げて踊ることをもって、念仏の意義であると称している。仏典にある「直心即浄土」という文句についても、すべてにおいて偽りはすべからずという意味だと称し、裸になっても見苦しい所も隠さず、狂ったように、憎いと思う人のことをはばかることなく放言して、これこそゆかしく、尊い正直の至りだと称している。そういう踊りの場に貴賤を問わず多くの人々が集っているさまは、市場の賑わいすら超えているようである）

さらに『野守鏡』の翌年に成立した『天狗草紙』という絵巻物では、時宗の信者の女性が「一遍の尿を飲みたい」といって、竹筒に一遍のペニスを挿入している場面が描かれている。そのほか同性愛らしい尼さんの様子が描かれていたり、踊り念仏を題材にしたほかの絵巻物の中には、尼さんが人目もはばからず大小便をしている姿もある。

要するにそのようなオージー・パーティー（乱交パーティー）をもって、宗教的な解脱の境地としたのである。

ちなみに幕末の歌人で随筆家の西田直養《なおかい》の『筱舎漫筆《ささのや》』によれば、この頃には乱交のこ

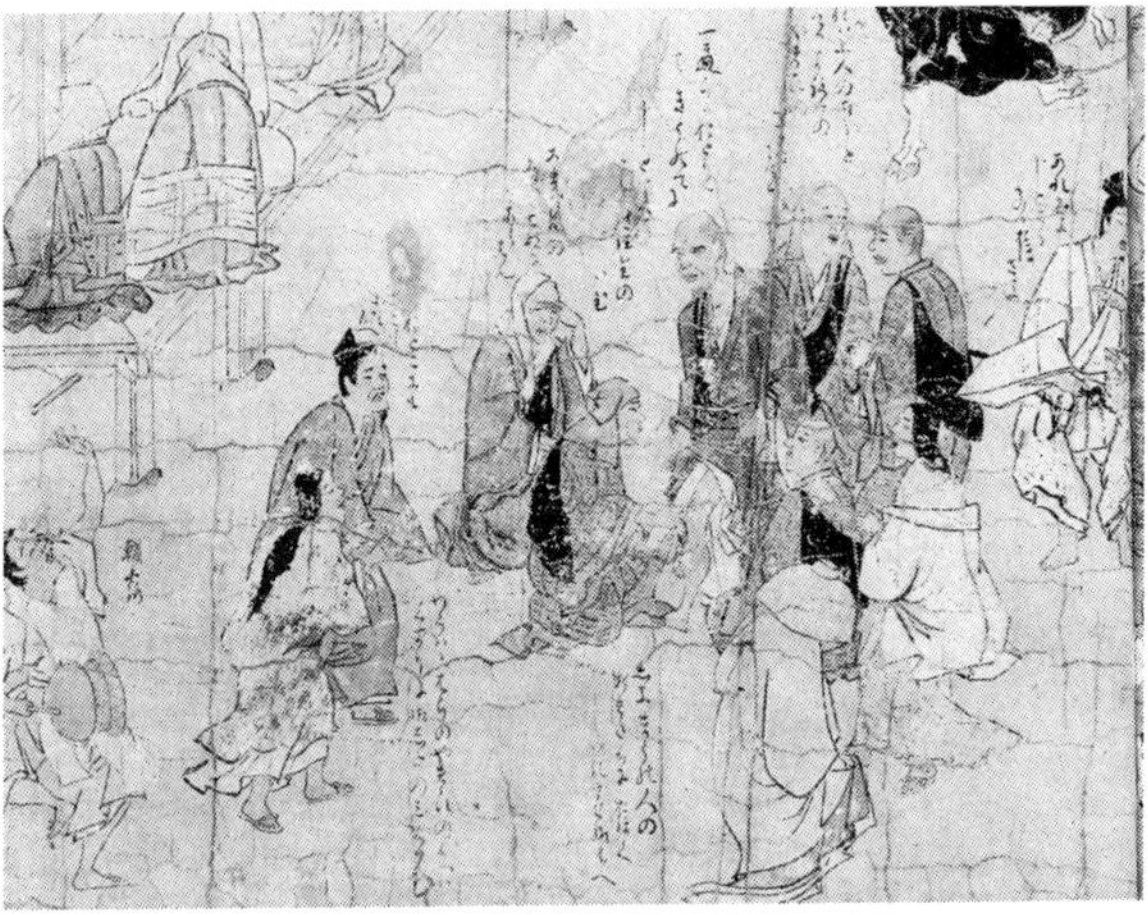

一遍の尿をもらって飲むために、尼が一遍のペニスを竹筒に差しているところ。隣の尼は一遍の尿で目を洗っている（『天狗草紙』より）

とを「念仏講」と称するようになったという。

一方、これらの資料からは、踊り念仏が「下品の極み」と見なされていたことが想像される。

『野守鏡』の作者とされる源有房は美意識の高い歌人として知られ、近衛天皇や二条天皇など4代の天皇の側近でもあった。つまり家を焼かれ、奴隷として売られるような人々が、どういう思いでいるかといったことからはもっとも遠い存在の殿上人であり、また『天狗草紙』は『野守鏡』が刊行された翌年に、『野守鏡』を参考にして描かれたといわれている。したがって、そういう評価は上流階級の人々と庶民との間に、どれくらい深い溝があったかを証明しているものといってよい。

盆踊りという乱痴気騒ぎへ

上流階級の人々が眉をひそめている間にも、踊り念仏は燎原の火のように広がり、現代にまで伝わる2つの風習の源泉となった。

その1つとして現在、寄付金集めの際に用いられる「芳名帳」は、踊り念仏から始まったものだという。中世の宗教史研究の第一人者である五来重によると、一遍上人と時宗の修行者たちは20人から40人（そのうちの半分が女性だった）で地方を巡回し、村々で踊り念仏を披露して宗教的なエクスタシーの世界を現出してみせた。その際、村人が何がしかの金を寄付すれば、時宗の名簿に名前が記入され「念仏札」が与えられた。これを「賦《ふ》算《さん》」といい、これが後の「芳名帳」の原点となったのである。

賦算に応じた人は16年間で250万人に達したという。当時の日本の人口は500万人から1000万人と推定されているから、単純にいえば2人に1人から4人に1人が応じたという計算である。

もう1つのポイントは「踊り念仏」から「念仏踊り」への変化である。両者は踊りと念仏という言葉が逆になっただけだが、中味はそれ以上に異なっていた。

踊り念仏はあくまで時宗の修行者や同調者による宗教的な行為であり、踊りを通して「無我の境地」を目指す祈りであった。これに対して念仏踊りの場合、踊り念仏から派生した芸能であり、ところによっては村祭りの一つとされたから男も女も着飾り、白装束で背中に旗印を背負うなどの工夫も凝らしていた。

日本初の仏教の通史で、1322（元亨2）年に成立した『元亨釈書《げんこうしゃくしょ》』には念仏踊りの場面が、こうある。

「農民の女が音楽を聞いて、雑踏の中で踊り狂っている。世の中はますます愚かになって行く。男も女も通俗に流され、酒席でたわむれ、盲目の男楽師や歌い女と膝つきあわせ、大声で念仏を叫び、跳ね回っている。町中はどこも騒々しいことおびただしい」

つまり宗教の荘厳さなどかけらもない乱痴気騒ぎに過ぎないというわけである。別の仏教書にも念仏踊りに参加している女性について、「キンキラキンの着物を着て、顔には厚化粧をし、まるで遊女のような姿である」と述べられている。踊り念仏は殿上人から「下品」とされたが、芸能に転じた念仏踊りも、正統な宗教者からは「遊女みたい」とされたのである。

しかし通俗的で遊女みたいな踊りはたちまち日本の村々に伝播し、踊りのスタイルも、歌の内容も、楽器もテンポも、さまざまな形式のものが創り出されていった。これが次の時代に「盆踊り」として定着するのである。

第5話　セックス宗教立川流が大人気

セックスで悟りを開く

弘法大師（空海）が中国からもたらしたさまざまな経典の中に『理趣経』と呼ばれるお経があった。仏教の教えでは性交は不淫戒によって禁じられているが、『理趣経』は性交を通して即身成仏にいたると説いている点が大きな特徴だった。即身成仏とは人間が生身のまま究極の悟りを開き、仏になることを意味する。つまり『理趣経』とはセックス至上主義の経典といってよい。

鎌倉時代にはそのセックス至上主義を教義の中心に据えた宗派が生まれた。それが立川流である。立川流は真言宗の僧の最高位である阿闍梨にまで上り詰めた仁寛《にんかん》によって開かれ、京都・醍醐寺三宝院の僧だった文観《もんかん》によって大成されたとされている。仁寛は武蔵立川（現東京都立川市）に住んでいた陰陽師のグループに教えを伝授した。そこから広がったところから、こう呼ばれる。この時仁寛は、性の教義とともに醍醐寺の塔頭《たっちゅう》である三宝院の修験道の教義も彼らに教授したが、三宝院の僧だった文観は、その縁で立川流を知ったと推測されている。

ところで立川流は『理趣経』の中にある「十七清浄句」といわれる教えを基本の教義としていた。これは、

「妙適」男女の交わりによって起こる快楽。
「欲箭」弓矢のようにすばやく欲望を起こすこと。
「触」男女が触れ合う抱擁。
「愛縛」男女の間に離れられない気持ちが生じて、互いに縛られること。

さらに欲望をもって異性を見た時、美しいと感じる心、男女の交合の実感とその歓びなど17に及ぶ交合の効用を表している。

これだけならセックス至上主義といっても、ほかの宗派でも暗黙のうちに容認していたところだが、1270（文永7）年、越前（現福井県）豊原寺の僧・誓願房正定が立川流の内実を暴露した『受法用心集』を著わして立川流を攻撃した。その結果、立川流が秘密

にしていた教義が露わになったのである。

暴露された秘密のエログロ教義

そのポイントは2つあった。先ず立川流では性液は「渧《てい》」という言葉で表され、男の性液は白、女の性液は赤色とされる。この場合、女の性液とはいわゆる愛液のことだが、男の性液にはわれわれが知る精液のほかに、男も性交中に愛液を出すという考えがあったようだ。こうして男女二根の冥合《みょうごう》（性交のこと）と赤白二渧の秘儀こそ教義の中心とされた。赤白二渧の秘儀については後で触れる。

第2のポイントは各自が本尊を造ることだが、本尊は人間の頭の骨で造った「髑髏仏《どくろ》」と定められていたことである。さらに髑髏仏には10種類の形があったといい、『受法用心集』には次のように説明されている。

「一には智者（智識人）、二には行者（仏教修行者）、三には国王、四には将軍、五には大臣、六には長者、七には父、八には母、九には千頂、十には法界髏」

こういう人の髑髏を入手して本尊とするのが望ましいというわけである。ちなみに千頂とは1000人分の髑髏の頂上部分を集めて細かく砕き、練ったもの。頭蓋骨の頂上は人黄（どのようなものかは不明）を含む骨のエッセンスだから良質なのだという。法界髏は重陽の節句に死体が葬られた山や墓地に入って拾い集めた髑髏を指す。

骨集めが終わると、いよいよ本尊造りにかかるわけだが、これも大頭本尊、小頭本尊、月輪形《がちりんぎょう》本尊の3つのパターンに分けられていた。したがって信者は30種類の髑髏仏の中から、自分はどの形を本尊とするかを決めることが必要であった。

その大頭本尊、小頭本尊、月輪形本尊の違いだが、ここでは真鍋俊照の『邪教・立川流』（筑摩書房）から大頭本尊についてだけ紹介する。その理由はすべてに触れることは煩雑であること、それぞれがいささかグロテスクなので、詳しい描写は避けたいという筆者の思いに基づく。

同書には大頭本尊のことが、こう記述されている。「大頭は生身の頭部を再現するように作るもので、口の部分には舌をつけ、歯を入れ、頭部も漆を塗り重ねて丸味を出す。これに女性と性交した時に出る和合水（愛液のこと）を120回塗ること」

この和合水を塗る作業が赤白二渧の秘儀というわけである。この作業は後で金銀箔を顔面に塗り、曼荼羅《まんだら》を描くための下準備といい、和合水には血液と同じ意味があるという。それにしても人間の頭の大きさをした髑髏全体に120回も愛液を塗り付けるためには、どれくらいの量が必要で、それは何回の性交によって得られるのだろう？

そう考えると、セックス至上主義も地上の楽園というわけにはいかないようだ。ちなみに立川流における曼荼羅とは男女が交合する姿を描いたものである。

こうして完成した本尊と曼荼羅を飾り、山海の珍味を供えて8年にわたりお祈りすれば、本尊造りの難易度に応じて霊験がもたらされるというのが、立川流の説くところであった。しかもその霊験たるや、下品に成就した者にはあらゆる望みをかなえさせ、中品には夢でお告げを与え、上品には言葉を発して三世（過去・現在・未来）のことを語るという、最高の現世のご利益であった。

妖僧・文観の暗躍

この異端の宗教が、当時の人々にどの程度受け入れられたかは分かっていない。その理由として、大成者とされる文観の行動や人となりが、ロシアの妖僧ラスプーチンのように怪しげな雰囲気に包まれていることが挙げられる。文観は後醍醐天皇から始まる南北朝時代に、天皇の側近としてさまざまな策を弄したことが知られている。立川流の実相はその陰に隠れてしまったのである。

文観がいつ、後醍醐天皇の知己を得たのかも明確ではないが、1320（元応2）年頃だと想定されている。1326（嘉暦元）年から後醍醐天皇の中宮である藤原禧子《きし》の安産祈願という名目で、鎌倉幕府打倒の祈願を行っていたことが発覚し、1331（元徳3）年に逮捕され硫黄島へ流罪となった。ただし祈願と逮捕された年の間にあまりに開きがあることから、島流しの本当の理由は立川流を壊滅させるための策略という説もある。

1333（正慶2／元弘3）年の元弘の乱の後、鎌倉幕府が滅亡すると京都へ戻って東寺の長者（寺院の後援者で社会的勢力があり、富裕層を代表する人物）となり、後醍醐天皇が親政を行った建武の新政の時期に栄華を極めた。

しかし高野山の僧らは文観と立川流を危険視し、1335（建武2）年に立川流の僧の多くを殺害、書物を燃やすといった大規模な弾圧を加えた。文観自身もこの時期に東寺長者の地位をはく奪され甲斐国へ流された。その後京都へ戻り、南北朝時代が到来すると後醍醐天皇方の側近として吉野へ随行し、大僧正に任ぜられている。

策士としての文観の行動の最たるものに、河内の悪党として知られた楠木正成と後醍醐天皇を結びつけたことがある。正成は幕府に反逆しているという意味では悪党だったが、武将としての実力や、地元における人気という点では群を抜いていたから、南朝方にとって百人力だった。また南朝の離宮を吉野山中に設けたのも、文観が醍醐寺三宝院の別当として修験道を統轄していて、大峰山などの山伏と意を通じていたことによるところが大きかった。そういう政略家についていて回るうさんくささや、立川流の秘密結社めいた組織が危険視された原因だった。

立川流が秘密結社だとしたら、それはそれで日本初のできごとであり、記念すべき歴史のエピソードといってよいが、その当否は今もって明確な結論が出ていないようだ。

第6話 乱世の終えん、京都に初の遊郭誕生

世界中に売られていった日本の奴隷

1590(天正18)年、小田原城を包囲した豊臣秀吉は3か月後、前城主の北条氏政と一族の北条氏照を切腹させた。これによって天下統一がほぼ完成した。

天下統一後、秀吉が最初に手がけたのが京都の復興であった。1336(延元元/建武3)年に始まる南北朝時代によって、日本国内は乱れに乱れた。1467(応仁元)年に応仁・文明の乱がぼっ発すると混乱はさらに拡大、庶民の家は焼かれ、田畑は戦場になったり、軍勢の移動で踏み荒らされて使い物にならなくなった。その結果、多くの男女が奴隷として国内や外国へ売られた時代でもあった。奴隷といえば、日本ではアフリカの黒人の話題かと思われがちだが、日本にも奴隷の時代がちゃんとあったのである。

その点については、1582(天正10)年に九州のキリシタン大名(大友宗麟《そうりん》・大村純忠・有馬晴信)の名代としてローマへ派遣された4人の少年の目撃談が記録に残っている。

たとえば千々石《ちぢわ》ミゲルは、こういって激怒したという。

「売られて奴隷の境涯に落ちた日本人を親しくみたときには、道義をいっさい忘れて、血と言語を同じうする同国人をさながら家畜か駄獣かのように、こんな安い値で手放すわが民族への義憤の激しい怒りに燃え立たざるを得なかった」

千々石の言葉に原マルティノも共感して、

「わが民族中のあれほど多数の男女やら、童男・童女が、世界中の、あれほどさまざまな地域へあんな安い値でさらって行かれて売捌かれ、みじめな賤役に身を屈しているのを見て、憐憫の情を催さない者があろうか」

と述べている（大石一久『天正遣欧使節　千々石ミゲル』長崎文献社）。また秀吉の部下の大村由己《ゆうこ》も、奴隷船の様子を次のように報告している。

「今度伴天連等、種々様々の宝物を山と積み……それのみならず日本人を数百、男女によらず黒舟へ買い取り、手足に鉄の鎖を付け、舟底へ追入れ……」

要するに外国人が数百人の日本の男女を買い取り、手足に鎖を付けて、船底に閉じ込めているというのである。こうして日本中が荒廃したのであった。

秀吉により遊郭の3つの基本が完成

秀吉は荒れ果てた京都を復興させるために、市民からアイディアを募集、「いかなる身分の低い者でも、国が富み、民が栄える案を抱く者は申し出る」よう、市中に告知させた。これに応じて遊郭の開設を願い出たのは家来の原三郎左衛門だった。1678（延宝6）年に成立した藤本箕山《きざん》の『色道大鏡』には、その間の事情が次のように記されている。

「三郎左衛門申し上げるは……遊女を抱え集めて、洛中に傾城町をたて、格子、局をかざり、糸竹の調べに歌舞を尽くし、衆人をなぐさめ候はば、京師の賑わいかつ国家安泰の佳相なるべし」

文中の格子、局とはともに遊女の種類。糸竹は笛や琵琶などの楽器を指す。要するに遊女を集めて遊郭を開設し、飲めや歌えやで人々を慰めれば、京の町は賑わい、国家も安泰になるだろうというわけである。

格子、局と遊女の種類（格付け）が記述されているように、京都ではこれ以前から売春が公認されており、中でも足利時代の1528（大永8）年には1年に15貫文の税金を納めれば、誰でも売春が可能とされていたことが記録に残っている。

その結果、約半世紀を経たこの頃には京都を南北に走る西洞院通り、東西では三条、五条、七条から錦小路などに遊女がいて、土地柄や女の格による違いが表れていたのである。ただし15貫文という税金は現代に換算すると180万円から200万円にもなる大金で、おいそれと出せる額ではなかった。このため遊郭といえるほどの遊女屋はなく、あっても各土地にせいぜい1軒か2軒ずつくらい点在しているだけであった。

『色道大鏡』によれば、もともと色ごと好きの秀吉はこの案に飛びつき、さっそく工事に取りかかることを命じたという。この場所が平安京の万里小路《までのこうじ》にあたるところから万里小路の色街、あるいは秀吉の時代の地名から柳町の色街と呼ばれた。遊郭という言葉は藤本箕山の造語で、これが定着するのは『色道大鏡』が出た1678年以降のことである。ただしここでは煩雑さを避けるために遊郭という言葉で統一する。

この遊郭には後々まで受け継がれる遊郭の3つの基本の形が、すべて組み入れられていた。それは遊郭入り口の大門、郭内の並み木、そして娼家の格子窓である。

入り口の大門は「ここから先は現実社会とは無縁の別世界」であることを示す結界であり、郭内の並み木は中国では遊郭が花柳界と呼ばれていたことを取り入れたものである。中国で花といえば牡丹を指し、遊郭では周辺を柳で囲み、玄関脇や中庭などに牡丹を植えるのが慣わしだった。日本の場合、万里小路の遊郭は柳の原っぱを切り開いて造られたが、牡丹はなじみがなかったため、もっぱら柳並み木が中心だった。

参考までに付け加えると、柳町遊郭という名称も柳の原っぱを切り開いたところという意味で、同時に日本初の遊郭という象徴的な意味を持つことになった。江戸に初めて吉原遊郭が造られた時も、最初は柳町遊郭と命名されたが、その後、吉原遊郭に変更された。ちなみに遊郭の最盛期には全国で柳町遊郭という名称が20か所を超えた。これも京都・柳町遊郭の故事にちなんでいる。

そして3番目が格子窓で、『色道大鏡』によると秀吉は、すべての娼家を格子窓にするように三郎左衛門に申し付けたという。それが秀吉のオリジナル・アイディアだったのか、三郎左衛門の案が気に入って採用したのかは定かでないが、その後、格子窓は全国の遊郭に1軒残らず行き渡るのだから、秀吉が遊郭の歴史に残した功績は大きいことになる。

実際、秀吉はこの遊郭の完成を心待ちにしており、工事の進捗状況を1日に何度も視察に出かけたほどである。

島ではないのに〝島原遊郭〟なのはなぜか

この遊郭は1602（慶長7）年、室町の六条に移され、さらに江戸時代に入った16

41（寛永18）年、新屋敷（現京都市下京区）に移転、この時から島原遊郭と呼ばれるようになった。

その名前の由来について『色道大鏡』には3つのことが挙げられている。

第1に「一郭一門」、四方を掘り下げて堀を造り、遊郭は土塁の上に建設されたが、その形が3年前の1638（寛永15）年に鎮圧された島原の乱（島原半島と天草諸島の農民・キリシタンが過重な年貢や迫害に対して起こした反乱）の城郭に似ているというもの。

もう1つは「島」とは鳥羽天皇の時代に現れた島千歳という遊女の第1号にあやかったもので、それに心が広いという意を込めて「原」の字を付け足したというもの。

第3の理由は肥後国（現熊本県）に「風流島」と書いて「たはれ島」と呼ぶ島がある。また在原業平の女遍歴を描いた『伊勢物語』にも「遊島」という名前が登場するように、遊郭で遊ぶことは「戯れの境地」である。これらの島の流儀に従ってのびのびと遊んでもらおうという趣旨から「島原」と命名したというものである。

これらのうちのどれが正解なのかは分からないが、さまざまな見方が出されること自体が島原遊郭の賑わいを表していた。そしてそれは遊郭という売春システムが、人集めのためにいかに効果的であるかの証明でもあり、これをきっかけに全国に遊郭が次々に開設されることになる。

たとえば1593（文禄2）年、長崎・丸山遊郭、1607（慶長12）年、府中（現静岡市）・二丁町遊郭、1611（慶長16）年、名古屋・飛田屋町遊郭、1617（元和3）年、江戸・吉原遊郭、1627（寛永4）年、大坂・新町遊郭、1632（寛永9）年頃、古市（現三重県伊勢市）遊郭など、日本の主だった遊郭はみなこの時期に出そろっている。

なおこの遊郭の開設には、三郎左衛門といっしょに林又一郎という人物も働いていた。又一郎は秀吉の馬廻りとして仕えていたともいわれる。三郎左衛門がシステムのハード面を、又一郎が遊女の確保や客に対するサービスの内容などソフト面を担当していたようだ。又一郎は島原遊郭ができた頃までは三郎左衛門と行動を共にしていたが、寛文年間（1661年〜1673年）に大坂に移って、新町遊郭に扇屋という妓楼を開いた。

後に扇屋の娘婿が歌舞伎役者に転身、初代中村鴈治郎となった。現在の坂田藤十郎は2代目中村鴈治郎の長男で、タレントの中村玉緒は彼の妹にあたる。

第5章
花開いた大エロ文化
江戸時代

第1話 混浴の銭湯がお目見え

銭湯第1号は蒸し風呂だった

江戸の人々にとって、銭湯は絶対に欠かせない生活のインフラであった。表通りに店を構えた大店《おおだな》にも、庶民の住まいである裏長屋にも風呂はついていなかったからである。江戸の民家は木造だったから、火事でも出したら大変だというのが風呂のない理由だった。

三浦浄心の『慶長見聞集』によると、江戸に最初の銭湯が開業したのは1592（天正20）年だったという。その前年、秀吉によって東国支配を命じられた徳川家康は初めて江戸に入り、江戸城の改築に着手したが、それを見て江戸の将来性に着目した小商人も相当数に上った。その中に銭湯経営を思い立った男も交じっていたのである。

同書には開業の様子が次のように描かれている。

「伊勢与市といいし者、銭瓶橋のほとりにせんとう風呂一つ立つる。風呂銭は永楽一銭なり。皆人、めづらしき物かなとて入り給ひぬ。されどもその頃は風呂ふたんれん（不鍛錬）の人あまたにて、あらあつの雫や、鼻がつまりて物もいはれず、煙にて目もあかれぬなどといひて、小風呂の口に立ちふさがりぬ」

銭瓶橋は現在の東京・大手町と日本橋の中間、日銀の裏手あたりにあり、江戸城増築のための建築資材置き場が設けられていた。そこには工事人夫目当ての長屋や食べ物屋などがあり、ちょっとした新興歓楽街が生まれつつあったという。その場所に伊勢から出てきた与市という男が銭湯を開いたというのである。

第2話で、吉原遊郭について触れるが、その創設者である庄司甚内も、このすぐ近くで売春宿を経営していたことが分かっている。また１５９１（天正19）年に湯女風呂が江戸に進出するが、その店はこの繁華街の西側あたりに隣接していたようだ。もっとも今野信雄の『江戸の風呂』（新潮社）によると、繁華街といってもこの界隈にあった民家は１００軒前後だったというから、こぢんまりしたものであった。

『慶長見聞集』には、

「あらあつの雫や、鼻がつまりて物もいはれず、煙にて目もあかれぬ」

と、客が苦情をこぼしたことが記述されているが、これはこの風呂が蒸し風呂式であったことを示している。蒸し風呂とは部屋の片隅に熱した石を置いて、時おり、これに水をかけて蒸気を出しながら入るシステムであった。「煙にて目もあかれぬ」というのは石を熱するために木材などの燃料を焚いたため、部屋の中に煙が充満していたのである。

殺人あり、大小便ありの浴槽

この銭湯がいつまで営業していたかは不明だが、寿命は長くなかったらしい。

そう推測される理由は2つあり、1つは『慶長見聞集』以外に、この風呂について触れた資料が見当たらないこと。もう1つは『江戸の風呂』などによれば、それから二十数年後には江戸の湯屋は約100軒に達したと想像されているが、それらはいずれもざくろ口という江戸時代の銭湯に共通する造りだったからである。ざくろ口を設けていることは、その銭湯が沸かし湯であることを示していた。

ざくろ口とは洗い場から浴室への入り口をいう。両者の境は板壁で仕切られていたが、その下の開いた部分がざくろ口で、浴客はそこをくぐって、向こうの浴槽に入るのだが、床からの高さが1メートルに満たないところがほとんどだったから、身をかがめて入る必要があったという。

ざくろ口という名称もそこからきている。当時、鏡を磨くにはざくろの酢を用いるのがもっともよいとされていた。つまり「鏡を磨くにはざくろがいる」→「かがみいる（かがんで入る）」→「ざくろいる」→「ざくろ口」と洒落たというのである。洒落というには相当に苦しい落ちだが、とにかくそういう説のあることを紹介しておく。

　もっとも井原西鶴の『好色一代男』に添えられたさし絵を見ると、軍隊の匍《ほ》匐《ふく》前進のような姿勢で出入りしているから、そういう湯屋では50センチメートルくらいしか開いていなかったことが想像される（203ページ参照）。

ざくろ口から浴槽に入ろうとする女性（花咲一男『江戸入浴百姿』三樹書房 より転載）

　そのような装置を設けた理由は、沸かした湯が冷めないようにという配慮によるものだったが、その壁がさまざまなトラブルのもととなった。ざくろ口の内側の浴槽には明かり取りの窓がないため（あってても板格子がはめてあって、ごくわずかしか明かりが入ってこないため）、日中でも真っ暗だった。

このため浴槽の中で人が殺されても誰も気づかず、ざくろ口の外に出た客が自分の手拭いが血で真っ赤に染まっていたことで、初めて異変に気づいたこともあった。また浴槽の中で放尿する客は跡を絶たなかったし、大便が浮いていることもしばしばあったという。

江戸の銭湯はその誕生以来混浴であった。日本では歴史が始まって以来、温泉に入ったり、水浴びなどをする時はずっと混浴だったから、ほかの選択肢はなかったのである。これを「入り込み湯」と称し、「いりごみ湯」と濁って発音するのが普通であった。一部では「打ち込み湯」とも呼ばれたという。

真っ暗な浴槽でいたずらされる女たち

ただし江戸の混浴は、過去の混浴とはだいぶ事情が違っていた。混浴がずっと行われたわけではなく、男女別浴が目立つようになったり、混浴が増えたりを何度か繰り返したからである。その点は後で触れるとして、ざくろ口がもうけられた結果、混浴事情にどういう変化が起こったかについて見ておきたい。

せんずりをかけと内儀は湯屋で鳴り

という川柳はその変化を表した句である。浴槽の中でいたずらを止めようとしない男にガマンできなくなった中年のおばさんが「せんずりでもかけ」と怒鳴ったという場面を詠んだものである。地方の温泉など、ざくろ口のないお湯ではいたずらする者もいなかったのだから、これはざくろ口によって浴槽が真っ暗になったことが女性に触れてみたいという思いを助長していたのはいうまでもないだろう。

猿猴《えんこう》にあきれて娘湯を上がり
手長足長いり込みの風呂のうち

という句もある。猿猴とは伝説上の生き物で、水中に棲んで、人間にいたずらをするといわれている。最初の句はそういういたずら男にあきれて、娘はさっさと風呂から上がったという意味。2番目は手足を伸ばして（素知らぬ振りをして）、女性の体に触れようとするのが入り込み湯だというのである。これらの句からも、いたずらをするのが当たり前というくらい多かったことが分かる。

それればかりではなかった。平戸藩主・松浦静山《まつらせいざん》の『甲子夜話《かっしやわ》』は彼が引退した後、1821（文政4）年から1841（天保12）年までの20年間にわたって市井のできごとを記録した随筆集だが、その中に「男湯女湯の事」という一節がある。

「江戸の町中にある湯屋は、予が若年までは男湯女湯と分かれてもあったが、多くは入り込み湯とて男女群浴することとなり。聞き及ぶに暗きところや夜中などはほしいままに姦淫のことありしとぞ」

つまり銭湯では暗いことをいいことに、あるいは夜中などには、男女がセックスするシーンがあちこちで見られたというわけである。これまた江戸という街の特殊事情のなせるわざであった。

ところで文中、「予が若年までは男湯女湯と分かれてあった」とある。静山の書きっぷりからすれば、彼が若い頃には男女の区別が歴然とあったのに、そのモラルがくずれて混浴がはびこったように受け取られるが、実際の動きはそう単純ではなかった。

その点を理解するために、当時の銭湯には浴槽が1つしかなかったことと、史料にはま

銭湯の様子（京伝政演作画『艶本枕言葉』より）

ったく顔を出さないざくろ口の銭湯の盛衰を頭に入れておく必要がある。先ず1733（享保18）年刊の『名物鹿子』に「江戸に行われるもの」として「女湯」が挙げられているから、この時代に男女別浴の銭湯があったことは間違いない。ただしその後1810（文化7）年、湯屋（銭湯）業の代表が北町奉行所に提出した書類によると、総湯屋数523軒、男風呂のみ141軒、女風呂のみ11軒とあり、この時期になっても男女別浴は少数派だった。また、この頃はまだざくろ口形式だったと推測されている。

　ところが1868（明治元）年8月、新政府は東京に外国人居留地を開設するにあたって、混浴禁止と銭湯の2階に目隠しを付けることを命じた。ざくろ口についての言及はないが、この頃にはほとんど残っていなかったようである。

その点を証明するのが、1872（明治5）年に来日した弁護士のジョルジュ・ブスケと、1882（明治15）年に来日したマンガ家のジョルジュ・ビゴーである。2人はともにフランス人で、ブスケは「江戸でも地方でも同じように混浴が行われていた」という意味のことを記している。江戸と地方両方の混浴事情を知っていたとしたら、江戸特有のざくろ口のことは必ず耳に入ると思われるが、ひと言も触れていない。つまり彼が来日した頃には江戸の銭湯からざくろ口が消え去っていたことが想像される。またビゴーもざくろ口ではない風呂の混浴風景を残している（255ページ参照）。

要するに1810年頃から1872年頃までに、江戸の銭湯からざくろ口がきれいさっぱり消え去ったらしいのである。なぜか？　ざくろ口に問題があることは銭湯側もわかっていたが、1つしかない浴槽では男湯専用にするか女湯専用にするか、日にちや時間で男女を分けるかしかない。だが、どれも客が減少することは明らかである。だから浴槽を2つにするか、ざくろ口を止めるかの選択を迫られた経営者が後者を選び、ざくろ口のない混浴銭湯が徐々に広まったのだろう。

第2話 吉原遊郭は街の緩衝材

男あまりの江戸の町

徳川家康が江戸幕府を開いたのは1603（慶長8）年である。ここから江戸時代がスタートしたのだが、幕府が開かれたことが直ちに平和な時代が到来したことを意味したわけではなかった。家康は豊臣方に対して1614（慶長19）年に大坂・冬の陣、翌1615（慶長20）年には夏の陣を仕掛け、それによって、ようやく豊臣方を滅亡させることができたのである。

それでも平和な時代は容易に実現しなかった。その理由として、江戸の街では昼日中から殺傷事件が頻発したことが挙げられる。豊臣家の旧臣たちは徳川方の大名家に新しい奉公先を求めたが、主人や同輩たちから理由もなく手討ちにされたり、あまりの理不尽な仕打ちに怒りが爆発して、主人に斬り掛かるといった事件が跡を絶たなかった。

殺伐とした雰囲気が作られる条件が、江戸にはもう1つあった。家康が天下を取って以来、江戸城の新築から海浜の埋め立てや町民用の長屋の建設まで大規模な街造りが実施されたが、そこで働く人夫は全国から出稼ぎに来た男ばかりだった。

参勤交代の制度が設けられ、地方の大名が江戸に滞在する時、お伴を仰せつかったのも単身赴任の侍たちであり、さらに宗教の脅威を知る幕府は懐柔策を兼ねて寺社の設置を推し進めたが、お寺の小僧から住職までもすべて男で占められていた。

つまり初期の江戸は男女の人口が極端にアンバランスな都会だったのだ。

これは後に吉原遊郭がオープンして半世紀近く経った頃、最初は日本橋に開設された遊郭が、浅草の裏手へ移転してからの話だが、江戸の大店には女性の奉公人は1人もいなかったという。

江戸で最初の大店は白木屋で、1662（寛文2）年、京都の材木問屋白木屋が日本橋に小間物屋を開業した（1999年閉店）。続いて伊勢の三井家が江戸に進出して越後屋（現在の三越）を開いたのが1673（延宝元）年だが、これらの大店では大番頭から飯炊きまですべてを男性でまかなっていた。

店の主人側からすれば、極端な男社会で、女中に店の前を掃除させたり、使いに出したりすれば、何が起こるか分からないという不安がつきまとったのである。

一方、職場から町中まで、女性が1人もいないという風景も異常で、男の奉公人の勤労意欲にも響いた。西山松之助は自ら編集した『江戸町人の研究』第1巻（吉川弘文館）で、これらの大店では男性奉公人の勤労意欲を高めるために、店の経費で吉原の妓楼と契約を交わし、毎日順番に遊女と遊ばせていたと指摘している。

また林玲子は同書の第2巻所収の「江戸店の生活」という論文で、白木屋の奉公人が女郎と遊んで店の金を使い込むことは必要悪として大目に見られたとも述べている。

遊郭ができて半世紀後でもこういう状況だったから、それ以前となるといかに不自然な社会だったか想像がつくというものである。

火事の特需で庶民も遊郭へ

そういう風潮を少しでも和らげるために開設されたのが吉原遊郭で、大坂・夏の陣から2年後の1617（元和3）年、現在の日本橋人形町に開かれた。

吉原遊郭の創設者は小田原の生まれで、北条家の家臣だった庄司甚内とされている（後に甚右衛門と改名）。甚内は小田原城の落城後武士を捨て、江戸へ出て、現在の呉服橋の近くで売春宿を経営していたが、1590（天正18）年、家康が東国支配を命じられて江戸に入った時、遊郭の設置を願い出た。この時はかなわなかったが、1612（慶長17）年に再度出願して認可されたのである。

最初の吉原遊郭は2町（約220メートル）四方の区画で、そこに京都の島原遊郭と、府中（現静岡市）の二丁町遊郭から業者が7、8人ずつ、それに江戸市中に散在していた売春宿が集められたという。

しかし開設当初の吉原を利用できるのは、大名や家老クラスの侍か、前述したような裕福な商人に限られ、庶民や下級の侍たちには高嶺の花だった。

彼らが利用したのは、もっぱら「湯女風呂」である。湯女とは有馬温泉で人気を集めたあの湯女で、1590年、大坂に初めて進出し、翌年には江戸にも登場したのである。有馬温泉では形だけでも宗教行為の一環という体裁をつくろっていたが、江戸の湯女風呂は客の体を洗い流した後、売春に応じたから、工事人夫たちに大人気であった。

吉原遊郭が開設された頃には、現在の日銀本店あたりからJR御茶ノ水、市ケ谷駅付近を中心に、江戸城の工事現場を取り囲むように湯女風呂があったという。その数は30軒から40軒に及び、後には下級武士向けの湯女風呂が湯島や下谷などにもお目見えした。

吉原遊郭が日本橋から浅草の日本堤へ移転したのは1657（明暦3）年のことであっ

た。この年正月、江戸三大大火の第1に挙げられる「明暦の大火」が発生、死者の数は10万人を超えた。以前から決定していた移転が、この火事によって、いっきに進捗したのである。その結果、日本橋にあった遊郭は元吉原、浅草は新吉原と呼ばれるようになったのである。

客の背中を流す湯女（井原西鶴『好色一代男』より）

この移転は現代における工場移転などとは決定的に異なる要素をいくつも含んでいた。その1つに大火後の好景気があった。「火事とケンカは江戸の華」といわれるように、江戸は火事の多いところで、住まいが再建される度に建築景気が起こっていたが、「明暦の大火」後の建築景気はそれまでの、そしてそれ以後の建築景気ともスケールがまったく違っていた。

幕府は外敵からの攻撃に備えて、隅田川にかかる橋は千住大橋しか認めていなかったが、川べりでの焼死者があまりに多かったことから両国橋の架橋を決定、橋向こうの両国や亀戸、深川などを庶民の居住区とした。その結果、庶民用の長屋の建設、両国橋の架橋、そして隅田川の内側にある大名屋敷の配置換えなど、巨大な土木工事が1度に実施されることになった。

庶民の懐もかつてないほど潤い、高嶺の花だった遊郭での遊びが現実のものとなったのである。

太夫の客にありがちな下半身の悩み

新吉原の繁栄を裏から支えたのが、幕府と業者の官民一体化が実現したことであった。一体化の最大のポイントは遊郭を幕府の下部機関と見なして、犯罪の取り締まりや、遊女の足抜けの予防など半自治権を認めたことである。これによって遊郭業者は自由裁量に近い営業が可能になった。

また細かい部分での幕府との融合も進み、幕府は移転の条件として、これまで2町四方だった用地を3町（約330メートル）四方に拡大し、移転費用として1万8000両を援助した。その上、遊郭の商売敵であった湯女風呂の営業を禁止し、1668（寛文8）年と1684（貞享元）年には、営業を続けていた湯女をそれぞれ512人と300人捕らえて新吉原の遊女とするなど、幕府のバックアップのもと「フーゾク業界」における新吉原遊郭の天下が構築されたのであった。

こうして1656（明暦2）年に2552人だった新吉原の遊女は、1688（元禄元）年には1900人まで減少したものの、1795（寛政7）年には4443人へと急増、さらに1844（天保15）年6225人、1846（弘化3）年7197人とうなぎ登りに増え続けた。

なお遊女の中で、最上級の者を太夫といい、太夫の値段は一晩で1両以上（15万円くらい）とされた。これはセックスだけの代金であり、ほかに太夫自身や下働きの男女に対するお土産や心付けも必要だったので、実際には3倍以上の金が消えた。

それだけの金を自由にできる客となると、大店の主や大名・家老クラスに限定されるが、そこに1つの悩みがあった。それは客の中に老人が多かったことである。太夫はきらびやかな着物を着て、郭内をゆったりと歩いて客の待つ茶屋へ出向き、しばし酒でも飲みながら言葉を交わす。その後、いったん引き下がり、着物を脱いで床で客を待つのだが、その間に男性自身が精気を失い、できなくなる例がしばしばあったのだ。

これは京都の遊郭の話だが、その悩みを解決するために、それぞれの妓楼にはエロ話に長けたやり手婆（たいていは遊女上がりの30歳以上の女性が務めた）がいて、男性自身が勃起し続けるよう、刺激的なエロ話を語り続けていたという。

第3話 秘具の店・四つ目屋が大繁昌

浮世絵や川柳に登場する名店

第2章で、弓削道鏡が称徳天皇のためにヤマイモで作った張り形をプレゼントした話を紹介した。これが日本における秘具の第1号であった。奈良時代には中国で家畜として飼育されていた水牛の角が輸入されるようになり、朝鮮半島から渡来した工人によって、張り形が本格的に製作されるようになった。お湯にひたした綿を中に入れると、柔らかさも温かみもほどよい加減になったという。

その後の秘具の変遷については資料が乏しく、戦国時代に京都でいくらか秘具が作られていたというくらいしか分かっていない。これに対して江戸時代には百花繚乱といえるほどに秘具が盛んになった。

その頂点の存在が両国米沢町の薬研堀《やげんぼり》（現在の東日本橋1丁目）に店を構えていた四つ目屋であった。

店の「能書き」(薬の効能などを記した広告)によると、四つ目屋が創業したのは1626(寛永3)年で、最初は長命丸、帆柱丸、女悦丸、いもりの黒焼きなど媚薬の販売をメーンとしていたという。それから約60年後の貞享年間(1684年~1688年)には、すでに江戸の有名店として知れ渡っていた。

この時期に描かれた奥村政信の浮世絵「両国涼見三幅対」の背景に四つ目屋の商号(家紋)である「四つ目結い」が描かれていることから、そのことが推察される。夕涼みしている3人の美女の後ろに四つ目屋の家紋を入れることによって、店の繁昌ぶりをさりげなく示すと同時に、浮世絵の笑いの隠し味としたのである。

店が有名になるにつれ、川柳でも格好の材料とされた。

買ひにくい薬行燈《あんどん》に目が四つ
四つ目屋をつけてどくどくしくよがり
長局四つ目小僧が出ると泣き

この中で薬とはもちろん媚薬のこと。四つ目屋と四つ目小僧はいずれも張り形を指す。

張り形は女性用で、秘具の象徴というべき商品である。四つ目屋が扱っている中でも、もっともポピュラーな商品だったから、四つ目屋と四つ目小僧という言葉が張り形の代名詞とされたのだ。

3番目の長局は宮中や江戸城の大奥などの女官のこと。彼女たちは天皇や将軍などのハレンチなセックスを目の前で見せつけられるのに、自分はまったく性交の機会がなかったから、欲求不満が募っていると世間では確信されていた。実際に化粧道具などを扱う小間物屋で大奥に出入りを許されていた業者は、張り形も用意していたといわれる。で、張り形を使ってよがり泣きをするというわけである。

江戸の秘具は百花繚乱

ところでこの頃、四つ目屋が販売していた秘具には、どんな種類があったのだろう？

四つ目屋の引き札（広告）には肥後瑞喜《ずいき》、吾妻形、京形、張形、互形《たがいがた》、茶筌《ちゃせん》、革形などの商品が挙げられている。

その中の主なものについて紹介すると、肥後瑞喜は男子が植物の芋茎《ずいき》をペニスに巻き付けるもので、性交中に湿気を帯びてくるとオクラのようにヌルヌルになる。それが女性の内部にかゆみを感じさせて、こすられると気持ちいいというので、女性がさらに欲しがるとされた。

まれには現在でも販売している薬局がある古典的な秘具であるが、ペニスに巻き付けるのに高度なテクニックが必要で、途中で抜けてしまうことも多い。

吾妻形は男子がオナニーの際に用いるもの。四つ目屋の商品は格別人気があったらしく、小山田与清《おやまだともきよ》の『松屋筆記』にもその旨が記されている。なお吾妻形のことは1695（元禄8）年の『好色旅枕』に出ており、それ以前からあったことは確実である。

京形は京都製の張り形という意。四つ目屋の引き札には水牛製とあるが、ほかにべっ甲製もあり、べっ甲の方が表面に滑らかなひだが刻まれているなど、江戸製よりも精巧だった。

江戸の張り形は水牛製がほとんどだったから、牛とか角といい、御用の物という変わった呼び方もあった。

あれさもうもうと水牛で一人いい

お局は丑満の頃角が生え

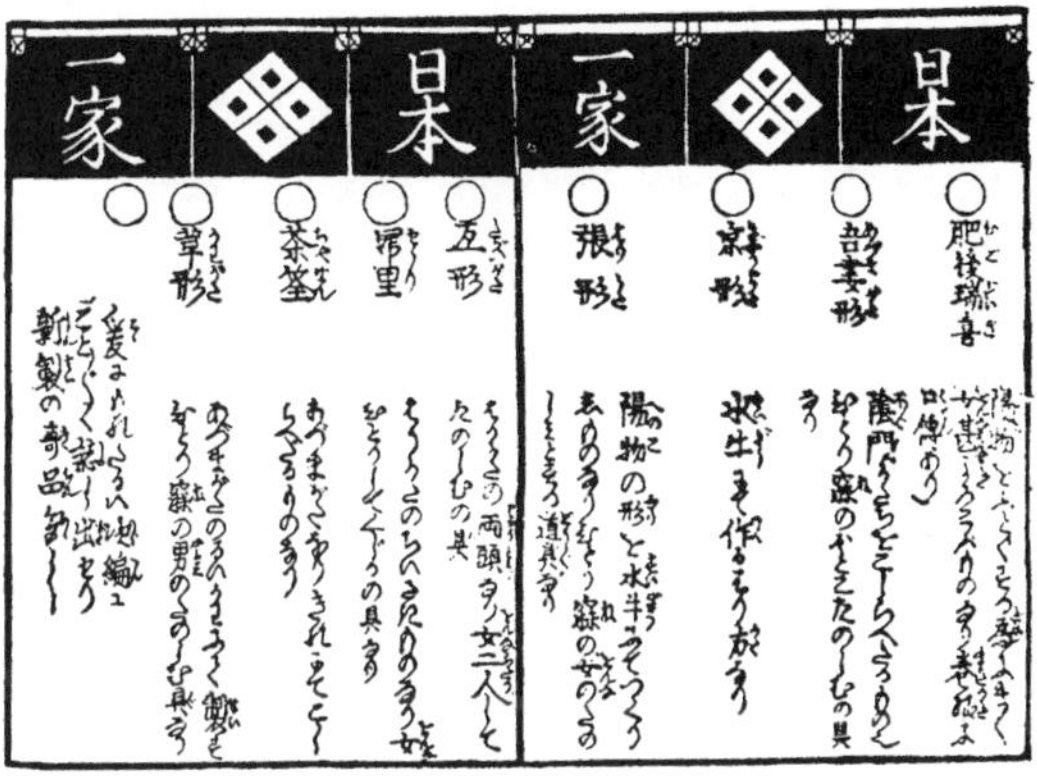

四つ目屋の広告（中野栄三『珍具考』第一出版社 より）

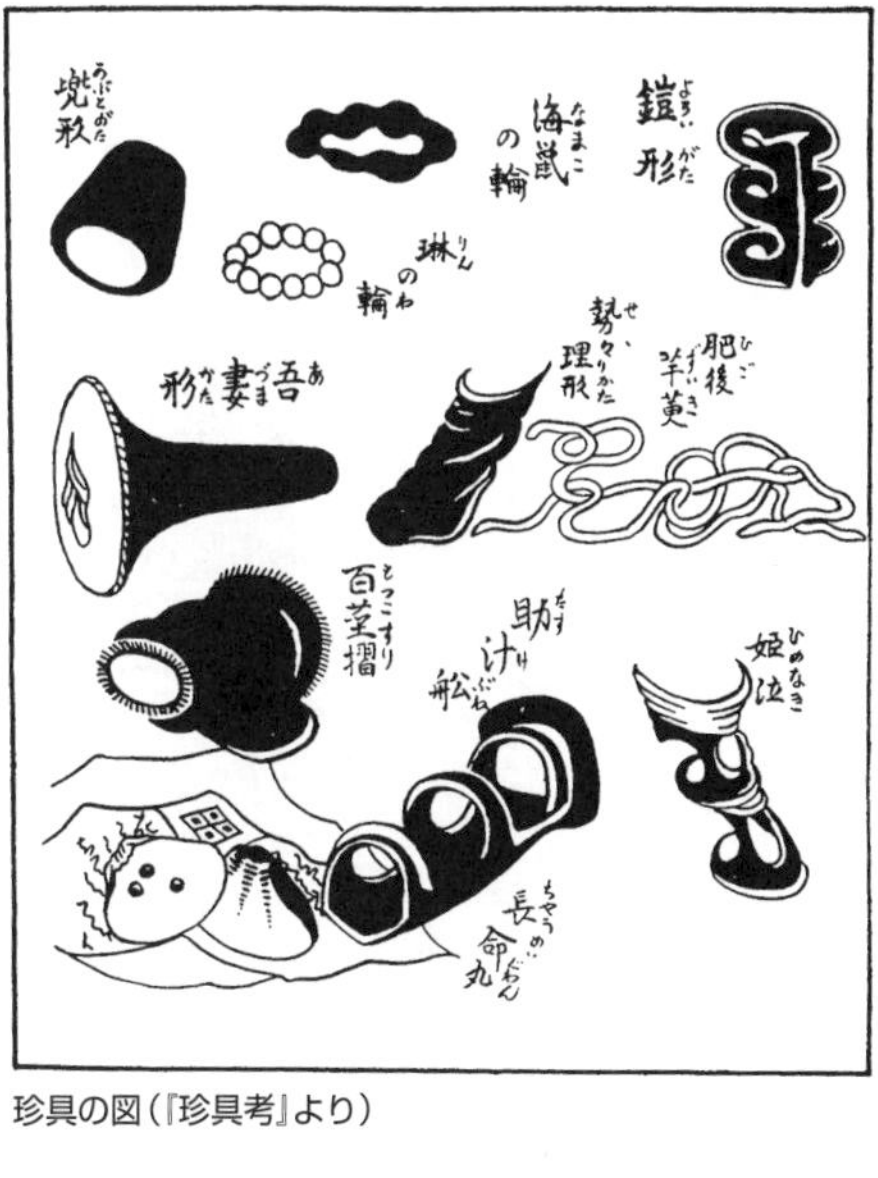

珍具の図（『珍具考』より）

お局のするは牛角姫初め

これらは女性が張り形を使っているシーンを詠んだもの。丑満は真夜中、現在の午前2時過ぎのことで、その頃にお局さまが角を用いているというわけである。

互形は女性が2人で使用する張り形で、現在でも需要が多いという。

茶筌は引き札によれば、吾妻形の口回りがすり切れたような形で、ペニスへより強い刺激が欲しいという男性向けに考案された。その姿が茶道で使用される茶筌に似ているところから、この名がある。

革形。引き札ではこう書いて「かぶとがた」と読ませ、吾妻形の小形のものとしている。実際に長さは2センチメートル前後で、男性の自慰用としては小さすぎて取り扱いが不便なところから、あまり喜ばれなかったらしい。むしろ避妊用に用いられることも多かったが、これまた途中でずり落ちるため、秘具としての評判はパッとしなかった。

もちろん秘具の種類はこれですべてではない。ペニスに腕輪のように付ける琳の輪や海鼠《なまこ》の輪から、半分だけ管状になった勢々理形《せせりがた》や姫泣き輪などもあった。

琳の輪は小さな鈴を数珠のようにつなげたもので、ペニスのピストン運動の際に鈴がぶつかり合って音がするという仕組み。海鼠の輪の方は乾燥させた海鼠を輪切りにして用いる方式で、肥後瑞喜と同じ効果を狙ったものである。

琳の輪とよく似た秘具に琳の玉がある。こちらは琳の輪よりも大きめの鈴を2つか3つ、女性器の中に挿入し、ペニスで突くと鈴がぶつかって「りん、りん」と鳴るのだという。これらは1980（昭和55）年頃まで流通しており、筆者は試したことがあるという人に何人か会ったことがある。それによると「男の妄想の産物、何にも聞こえない」という人もいれば、「かすかな音が山向こうから聞こえてくる祇園精舎の鐘の声のようで、なかなか乙なものです」という意見もあった。

半分管状の勢々理形と姫泣き輪は女性の快楽増進用だが、同じく半管状の助け舩《ぶね》は勃起不全の男性を助けるというのが名称と用途の由来である。

秘密厳守の通信販売まであった

江戸時代が歴史を重ねるにつれて、四つ目屋はますます繁昌した。両国の川開きで花火が打ち上げられるようになったのは1733（享保18）年で、以後、江戸の風物詩として定着した。その日は隅田川の川面が見えなくなるくらい、花火見物の川舟が出たが、四つ目屋も舟を出して、行き交う舟の人々に秘具や媚薬を販売していた。これが大変な人気だったという。

当時の四つ目屋の人気を示す別のエピソードが1824（文政7）年刊の『江戸買物独案内《えどかいものひとりあんない》』に記載されている。

この本は大坂で出版された江戸のショッピングガイドで、有名な飲食店や薬種問屋、小間物屋などが網羅されているが、その小間物屋の部に、「日本一元祖　女小間物細工所　べっ甲水牛、蘭法妙薬　江戸両国薬研堀　四目屋忠兵衛」とある。読む人には女小間物細工所という記述だけで、秘具のことだと分かったのである。

さらに注目すべきは次の一節で、

「諸国御文通にて御注文の節は箱入り封付にいたし差上げ申す可く候、飛脚便にても早速御届申し上ぐ可く候」

とある。つまり地方から注文があったら箱入りで封もきちんとし、ほかの人には荷物の中味が分からないようにする、飛脚便による注文も受け付けるというのだから、これは通信販売の広告にほかならない。

ウィキペディアによると、日本初の通販は1876（明治9）年に「農学雑誌」という雑誌がアメリカ産トウモロコシの種の通信販売を行ったのが第1号だというが、四つ目屋の秘具の通販はそれより半世紀以上先行していたのである。

1824年といえば異国の船が次々にやってきて、日本中が大混乱に陥っていたさなか、江戸と地方を結ぶ飛脚便も大忙しだったと想像されるが、その中には政治的な重要書類に交じって、秘具の注文も少なからず含まれていたのであった。

第4話 〈性の四十八手〉の登場

仏教と性の理想が結合

性交時のさまざまな体位を「四十八手」といい、日本人にはそれなりになじみの深い言葉である。現在では正常位、後背位、女性上位といった名称が使われているが、出始めは違っていた。では出始めとはいつ頃のことで、どういう名称が使われていたのだろう？

時は戦国時代にさかのぼる。群小の武将たちが覇権を争った結果、庶民は悲惨な目に遭わされる一方だった。その時、庶民の味方として立ち上がったのが一向宗である。一向宗（現在の浄土真宗）の信者は農民を中心とした土着の人々で、地侍の指導のもと武将の軍団に挑み、しばしば全滅、大量虐殺の憂き目に遭いながら、最後まで闘うことをあきらめなかった。この反乱を一向一揆という。

江戸時代になって平和な時代が到来した時、一向宗の阿弥陀さん信仰と教義の中心である「四十八願」は、庶民の守り神として大変なブームを呼んだ。四十八願とは阿弥陀如来が理想とする浄土に不可欠な48の条件という意味であるが、庶民の間に死の恐怖から解放され、生きる喜びの表れとして性を楽しみたいという欲求が顕在化した時、「四十八願」ブームとその欲求が重ね合わされ、性の理想を実現するための48の体位という形に転化されたのである。

その48の体位をイラスト付きで初めて紹介したのが菱川師宣《ひしかわもろのぶ》の『表四十八手』であった。それまでにも相撲の四十八手にならって、体位のことを四十八手と呼ぶことはあったが、具体的にどんな体位なのか、男女の姿態や効能に触れたものはなかった。『表四十八手』はそれを具現化したもので、刊行されたのは1677（延宝5）年頃であった。

恋の気分からスワッピングまで

日本初の四十八手とはどんなものだったのか。ここでは『表四十八手』にあるうちの4図について、体位と名称、及びその説明を紹介する。

第5図「四手《よつで》」。「此道において何れおろかなはなしといへども、この手にまさるはなし。夏の発句に、かやは四手、中なる人はざこねかな」

四手は「本手」とも称し正常位のこと。性の快楽はどれをもって「おろか」ということはないが、この手にまさるものはないの意。

第6図「茶臼《ちゃうす》」。「この手は女のきらふ事なれど、をのこのすきなればあるわざと見へたれ。また本手がへしともいふ」

茶臼は女上位のこと。本手がへしとは本手（正常位）が逆になったという意味。

第8図「投足上《なげあしあげ》」。「夫婦の仲むつまじくして、いろいろと品をかへ、楽しみせんは、何よりのなぐさみならん」

足を伸ばした夫の上から妻が挿入しながら腰を落とした座位。

第14図「首引恋慕《くびひきれんぼ》」。「まことにかかる君などは、くび引きばらも面白からんに、をくそこもなきたはぶれは、心のうちさぞと思はるる」

首にヒモをかけてじゃれあう風景は鳥羽僧正（1053年〜1140年）の『鳥獣人物戯画』で描かれて以来、しばしば春画のアイディアとして転用されてきた。「首引」が「首輪」とされている場合もある。

師宣が描いた四十八手を現代における体位と比較してみると、第1図から4図までは忍ぶ恋、ものを思う恋など恋のパターンを7種類に分類し、逢いたい時に逢って、床入りできる恋が一番素晴らしいとか、朝になって女性の床から出る時の別れがたい思いなど、恋

第6図「茶臼」

第5図「四手」（菱川師宣『表四十八手』より）

第14図「首引恋慕」

第8図「投足上」

第33図「障子越」

第34図「すのこがくれ」

するものの気分についてで、現代の基準に照らし合わせれば体位の問題とは無関係のようだが、師宣はこれも四十八手の一つと考えていたらしく、違った角度から見た恋の気分について述べている。

現代に直結する体位は第5図の四手（本手）から始まり茶臼、投足上、曲茶臼《きよくちやうす》、後《うしろ》だき、首引恋慕、袋入《ふくろいれ》、足違《あしちがえ》、片足上、両あしじめ、横組など25種。二夫一女、二女一男という組み合わせもあるが、これは字面からも想像されるように乱交、またはスワッピングで3Pと呼ばれているものを表している。さらに障子越、すのこがくれなど、障子越しやすのこ越しに、男が女性の後ろから迫るという図もあるが、これらは現実に実行するのは難しい。

そういう図柄を入れた理由は不明だが、あるいは何の参考資料もないのに、48種類の体位を創り出すことは想像以上に困難な作業で、それがナンセンスな図柄も採らざるを得なかった理由なのかも知れない。

体位を描いた艶本が流行

いずれにしろこの書が世間に与えた影響は大きく、類書が相次いで刊行された。たとえば1681（延宝9）年には杉村治兵衛の『恋の丸はだか』、1686（貞享3）年には吉田半兵衛の『好色訓蒙図彙《こうしょくきんもうずい》』、そして1695（元禄8）年、古山師重《もろしげ》の『好色旅枕』が刊行されたのを始め、幕末が近づいた1822（文政5）年に渓斎英泉《けいさいえいせん》の『閨中紀聞《けいちゅうきぶん》枕文庫』が刊行されるなど、艶本《えほん》（体位について触れた春画集のこと。会本、笑本とも書く）の出版は途切れることがなかった。

喜多川歌麿の『艶本婦多柱《ふたばしら》』（1803年）、葛飾北斎『艶本婦他美賀多《ふたみかた》』（1805年）、曲取主人（曲亭馬琴の別名）作、淫乱斎白水戯筆の『艶説筑紫琴』（1821年）、そして春川五七《ごしち》の『会本手事之発名《てごとのはな》』（文化年間＝1804年～1818年）などもその一例であり、江戸時代を「浮世絵の時代」というときは、この膨大な艶本を指してもいる（中には一枚刷りの絵も沢山ある）。

ただし『表四十八手』とそれに続く艶本では決定的な違いがあった。それは師宣の『表四十八手』には、「現代的な意味では体位とはいえない」ものが含まれるにしろ、まがりなりにも48種類がそろっており、その名称とさし絵、内容の説明も整っていた。これに対して艶本の中で、四十八手をきちんとそろえたものは1点もない。

参考までにいくつかの例を引くと、『恋の丸はだか』の場合、全27図、見開きに男女の性的な組み合わせが1つずつ描かれており、絵の大きいことが何よりの特徴となっている。絵の多いことでは『表四十八手』に次ぐが、体位と、それに準ずる方法となると4種類しか見当たらない。

「本手」

「茶臼の引き落とし」

「受け身の頬当て」　男は床入りをして道具（ペニス）を立て、仰向けに臥す。女、男の腹に上がりて、擬宝珠（ペニス）に腰をかける。

「いのしし武者」　後先かまわず組み付く男に、女は大手を広げて抱きつき、斜に構えてさせぬいたずら。

という4点である。

ほかの艶本の場合、勝川春章《しゅんしょう》の『拝開《はいかい》よぶこどり』は1788(天明8)年頃の刊行だが、同書には「抱上、抜出し、敷手、一ツ足上ゲ、片手つかみ、無双、横取り、種々有り。みな女を喜ばす術なり」と7種の体位が並べられているに過ぎない。

また曲取主人作、喜多川歌麿画の『艶本多歌羅久良《たからぐら》』は1800(寛政12)年刊だが、ここでも「早くお前と添い遂げて、朝から晩まで茶うす、横取り、向こう付け、鴨の入れ首、こてかえし、淀の川瀬の水車、七草、三番叟、何でもかまわず入れづめに、たんのうするほどとぼしたい」と、やはり8種が挙げられている(とぼすとは交合のこと)。

要するに江戸時代に成立した「性の四十八手」とは師宣の『表四十八手』をベースに、いろんな絵師や、洒落本、黄表紙などの作家が考えた1例から十数例の体位が上乗せされた集合体なのである。しかもその全体像、どんな作品に、どんな体位が記載されているか、そしてその数は? といった研究は今でも手つかずのままである。

その理由として、外国における浮世絵の文化的な評価は上がる一方だが、日本の社会では今もって恥ずべき遺産と見なされていることが指摘できる。ただ評価がどうあれ、四十八手の原点となった『表四十八手』が、日本を劇的に変えた「1冊」であることは確かなところである。

最後に注釈めいたことを2つ付け加えておくと、阿弥陀さん信仰と「四十八願」の教義は法然の浄土宗でも、もっとも重要視されているが、一向一揆が庶民のための反乱であることを知っていた江戸時代の庶民には、圧倒的に一向宗（浄土真宗）の方が人気が高かった。幕末には日本の家庭の4分の1が浄土真宗の信者といわれたほどである（島田裕巳『浄土真宗はなぜ日本でいちばん多いのか』幻冬舎新書）。

また『表四十八手』の成功に便乗して、山東京伝作の『傾城買四十八手』（1790年）や、名古屋在住の戯作者グループによる『軽世界四十八手』（1800年）などの洒落本も登場した。ただし、これらの洒落本は遊女とのやり取りのテクニックを並べただけのもので、四十八手とはまったく無縁の代物である。

第5話 全国243大名の性生活調べ

水戸黄門は「女色にふけり給い……」

元禄時代とは1688年から1704年までの16年間を指す。幕府の体制がようやく安定し、井原西鶴の浮世草子が人気を博したのを始め、義太夫や長唄などの新しい芸も生まれて、社会全体に浮かれ気分が漂っていた。

その元禄時代の初め頃、幕府の中で『土芥寇讎記《どかいこうしゆうき》』という史料が作製された。全43巻、全国243大名の家柄、学問、藩内の民情や農作物の栽培状況などを細かく調査した報告書で、その中には藩主自身の性的な嗜好も含まれている。

たとえばテレビの水戸黄門でおなじみの水戸光圀については、最初に「光圀卿文武両道を専らに学び、才智発明にしてその身を正し、道を以て政道を行う」と絶賛した後、「ここに一つの難あり。世に流布する処によれば女色にふけり給い、密かに悪所へ通い、且つ又常に酒宴遊興甚だしといえり」との噂を付け加えている。また尾張藩主徳川光友についても、若い頃のエピソードとして、「女色に耽り、妾を数多召し置かれ、その妾の親類縁者下劣の輩を召し出され禄を給う」として、サギをカラスといいくるめるような男を取り立てたことが紹介されている。

徳川の御三家のうちの2つについての記述が、こうだから、ほかの大名についてはかなり辛辣で、全国の大名の「性生活報告」といってよい。ちなみに御三家の残りの紀伊家の当主光貞については、

「武法を学び、専ら武勇と親しみ、弓馬の武芸を家人等に励まし給う故に、武の諸芸誉れの士多し。しかも孝愛厚く礼儀を正し、道を守り、行跡は和順を宗として仁愛深く、かつて好色の沙汰なし」

と絶賛されている。ただし8代将軍吉宗は光貞が1684（貞享元）年に、湯殿係りの女中に生ませた子であるが、そのことには触れていない。

元禄時代といえば、浅野内匠頭《たくみのかみ》が江戸城の松の廊下で吉良上野介《こうずけのすけ》に切りかかったのが1701（元禄14）年3月14日（旧暦）、大石内蔵助《くらのすけ》を中心とする赤穂浪士による討ち入りが1702（元禄15）年12月14日（同）、これも元禄時代の忘れられない事件であった。とすれば討ち入りの約10年前、内匠頭はこのレポートで、どのように判定されていたのだ

ろう？　巻第二十に「浅野内匠頭　播磨赤穂　五万三千石」として、次のように記載されている。

「長矩（内匠頭の本名）、智有りて利発也。家民の仕置きもよろしき故に、士も百姓も豊也。女色を好むこと切なり。故に奸《かん》曲のへつらい者、主君の好む所にしたがいて、色よき婦人を捜し求めて出す輩、立身出頭す。昼夜、閨門（妓楼）に有りて戯れ、政道は幼少の時より家老の心に任す」

内匠頭は頭はいいものの、女好きで、いい女を世話する者があれば、いくらでも取り立てるというわけである。これでは10年後にぼっ発する松の廊下の刃傷沙汰も「身から出たさび」のような印象を抱くが、同書は「当時の諸侯、女色に溺れざるは稀なり」といい、内匠頭のケースはとくには問題にしていない。つまり、この程度は「普通」というところなのだろう。

女色に耽る藩主50人、男色の藩主37人

事実、これよりもっとすさまじい女遊びの話はいくらでもある。次に挙げるのはそのうちの2例である。

志州（現三重県）鳥羽6万石の藩主・松平乗邑《のりさと》は5歳。肥前唐津の藩主だった父乗春が1690（元禄3）年に死亡したため、乗邑が跡を継ぎ、所替えにより鳥羽に移ってきた。乗邑についてはは幼児のため詳細は不明として、唐津時代の乗春の評判が記載されている。

「松平乗春。淫乱にして女色に戯れ、酒宴に長け、夜を昼にして終夜興じ、昼は閨門に入りて出ざる故に、家人の勤不勤も知らず。家士立身の頼み無きことを疎みて、暇を乞う者多し。誠に愚闇の将というべし」

次の例では陸奥岩城藩主・内藤能登守の祖父内藤帯刀《たてわき》が俎上に載せられている。

「祖父帯刀は酒宴を好み、女色に耽る。その妻嫉妬の強きこと前代未聞也。然るに帯刀、妾数多扶持し（抱え）置き、密かに家臣どもに預け置くのところ、内室聞き出しては自身で長刀を持し、妾預かりたる家人方へ押し入るため、預かりの亭主を始め、妾も辛き命を助かり、直ぐに浪人と成りたる者数人なりし。これにも構わず妾数多抱え置く故、内証（家計）逼迫し、近年三、四年の間、家士の知行を半分ずつ借りしが、最近は返弁（返済）ありしと……」

（内藤能登守の祖父の帯刀は女色に耽り、多数の妾を抱えて、密かに家臣のもとに預けていた。夫人の嫉妬心の強いことは前代未聞で、妾を預かっている家臣の名前を聞き出しては長刀を持って押しかけるため、家臣も妾も命からがら逃げ出し、家臣の中にはすぐに浪人になった者が何人もあった。帯刀はそれでも妾を多数抱えていたため、藩の財政が逼迫し、ここ3、4年は藩士の知行を半分ずつ借り受けていたが、最近、返済したという）

と、ドタバタ喜劇のような暮らしぶりである。

史料によれば、こういう女色に耽っている藩主が50人に及ぶという。また男色の藩主も少なくなかったが、その数は37人。同書では「美童を愛す」「美小人を愛す」と記されており、いずれも少年愛だったことが分かる。その中で奥平美作守《みまさかのかみ》は女色と男色の両刀使いだった。

「二十三歳。下野国（現栃木県）宇都宮藩主。九万石。文武の両道は夢ほども知らず、行跡悪しく、男色女色ともに猥りに好み、河原者・野郎（前髪を落とし、月代を剃った野郎頭の役者）・若衆（男色を職業とする少年）を招き集め、酒宴遊興、終日《ひねもす》夜もすがら也。御旗本にて悪名を取りたる坂部三十郎如き道楽の婆娑羅者（常識はずれの衣服や言動で、人目をひくことを好む男）ども、無二の朋友にて、毎度会合し、不埒を尽くす」

これに対して伊勢（現三重県）桑名藩主の松平（久松）越中守の場合、男色専門だったたと見え、

「和歌をもて遊び、且つ美小人を愛すること骨髄に達する故に甚だ弊多し」

という評価が下されている。

「全国諸大名の紳士録」なのか？

ところでこの史料集は誰が、何のために作製したのか？

史料集の校注を担当した金井圓は最初の疑問について、「幕府当局ないし将軍家に密着した一定階層の高官が何人かの助手を使って調査した」として、その助手の中には隠密衆もかなり参加していただろうと推測している。金井によると、これ以前に隠密が地方を探索してこのような報告書をまとめたケースがあるのだという。

では何のために作ったのか。金井は「元禄三年現在の全国諸大名の紳士録であり、評判記」と見なしている。しかし筆者は、この見方にはまったく与することができない。紳士録として編さんしたものに、このような悪口雑言を羅列するだろうか？

その点について思い起こされるのは、金井が『土芥寇讎記』という題名について説明したくだりである。金井によると、この言葉は『孟子』の中から取られた言葉で、

「君の臣を視ること手足の如ければ、すなわち臣の君を視ること腹心の如し。……君の臣

を視ること土芥の如ければ、すなわち臣の君を視ること寇讎の如し」という意味だという。要するに主君のあり方を説いた言葉で、主君が臣下を手足のように重んじれば、臣下も主君の腹心の部下となるが、土やごみのように扱えば、部下も主君のことをそれに見合ったものと見なすというのである。

この言葉をそのまま当時にあてはめてみると、元禄時代は5代将軍綱吉の治世である。綱吉といえば「生類憐みの令」という愚策を強硬に推し進めるなど、問題の多い将軍だが、その問題の一つに、彼の性的な側面があった。

臣下の牧野備後守の正室である阿久里の方や、2人の次女の安子と通じていたことが分かっているし、その反面、異常な「美男子好み」として知られ、能役者から駕籠かきの若者、魚屋の庖丁人まで、男振りさえよければ、次々に小姓に引き立て、性の対象とした。1688（元禄元）年に小姓に取り立てられた美少年は19人、翌年は26人。1693（元禄6）年には町中で美少年を探すため「子供見立て」の役人まで設けられた。

また小姓に取り立てられた者が「お役ご免」になり、妻との間に子どもを作ると閉門を命じたという。竹の棒で門を封鎖して、人の出入りを禁じる罰である。自分と関係を持った者は、「お役ご免」の後も自分に対して操を通せというのであろう（『史話日本の歴史／

18』作品社)。

将軍のそういう性癖を頭に入れて、この題名を眺めてみると、『土芥寇讎記』という題名が表しているのは、上が上なら下も下という嘆息感であるようにも思われる。長い戦国時代が終わって70年、ようやく平和な時代が到来したと思ったら、とんでもない将軍が誕生した。ところが各大名の実情を探ったら、上が上なら下も下だったというわけである。

第6話　大名の座を捨て春画師に

旗本も大名家臣も絵師に転身

松平定信は白河藩主で、８代将軍吉宗の孫にあたるが、当時の幕閣で浮世絵と四十八手の流行を誰よりも苦々しく思っていた人物でもあった。小林忠・大久保純一『浮世絵の鑑賞基礎知識』（至文堂）にある大石慎三郎と小林忠の対談によると、定信は、「（浮世絵などの影響で）庶民が茶臼などという手を使って、女房を喜ばせているのはけしからん」

として止めさせるよう命じたという。定信は朱子学者の林羅山が主唱した「上下定分の理」という説を信奉していた。これは簡単にいえば「君主は尊く、臣下は卑しい」という考えで、その伝でいえば男は尊く、女は卑しいことになる。その女が男の上になるなど、朱子学の教えに反するということなのだろう。茶臼に目くじらを立てるくらいだから、四十八手のすべてが「もってのほか」というわけである。

定信は寛政の改革の主導者として知られるが、では彼にその改革を実行することを決意させた世相とはどんなものであったか？

菱川師宣の『表四十八手』が巻き起こした波紋は、絵師や洒落本、滑稽本の作者などが独自の体位を次々に創始することによって、人間の自由な生き方の表現という大きな潮流に発展していた上、そこから自由を阻害する制度や考え方を風刺する文化運動も生まれていた。その表れの一つが春画に心を奪われて武士の身分を捨てた男たちであり、第2の流れが狂歌の流行であった。

武士から町絵師に変わった早い例として英一蝶《はなぶさいっちょう》がある。一蝶は武士から町絵師となり、吉原遊郭で幇間《ほうかん》も務めた（伊勢亀山藩の藩医の息子との説もある）。豪放磊落な性格で、豪商として知られる紀文や奈良屋茂左衛門らとも親交があったほか、多くの大名や旗本から贔屓にされた。

1693（元禄6）年、幕府は「大名及び旗本が吉原遊郭に出入りし遊ぶこと」を禁止したが、これは一蝶の影響で、遊女に入れあげたり、妾にする大名・旗本が相次いだためともいわれる。

1698（元禄11）年12月、一蝶は三宅島へ流罪となる。田野辺富蔵の『江戸艶本の粋』（河出書房新社）によれば、柳沢吉保の妻を遊女に、綱吉を客に見立てた絵を描いたことが幕府の怒りを買ったものという。島でも江戸の風俗画を描き続け、1709（宝永6）年、許されて江戸へ帰ってからは英流（一蝶流ともいう）の始祖として活躍、俳人として宝井其角《たからいきかく》や松尾芭蕉らとも交遊した。

磯田湖龍斎は常陸（茨城県）土浦藩主・土屋家の家臣の出である。江戸詰めの時、好きな絵を通して錦絵の創始者である鈴木春信と親しくなり、武士の身分を捨てて浮世絵師として立つことを決意したという。湖龍斎は『風流十二季の栄花』『咲本色春駒《えほんいろのはるこま》』『笑本菊相模《えほんきくさがみ》』など11冊の春画集を刊行している（うち2冊は題名を変えた再摺本）。

大身の旗本から本格的な浮世絵師に転身したのが細田時富であった。細田の祖父と父は勘定奉行を務めたという名門だったが、彼は1783（天明3）年、病いを理由に勤めを辞退して美人画家に転身した。翌1784年、鳥文斎栄之《ちょうぶんさいえいし》という名で黄表紙『其由来光徳寺門』のさし絵を描き、本職の浮世絵師としてデビュー。「青楼美撰合《せいろうびせんあわせ》」「青楼芸者撰」と、当時の吉原遊郭で今を時めく花魁と芸者を三枚揃いの連作で発表、美人画家として時代の寵児となった。

私家版の春本をプレゼントした大名

鈴木春信が錦絵の技術を確立したのは1765（明和2）年以降のことである。それまで浮世絵といえば墨一色であり、紅色を付けることで華やかさを出そうとした紅絵や、2〜3枚の色板を用いることによって紅、黄、翠などの色を刷り込んだ紅摺り絵など、商品価値を増すための試みは重ねられていたが、錦絵には12、13色が使われており、中には27〜28色使われた作品もある（鈴木俊幸『絵草紙屋　江戸の浮世絵ショップ』平凡社）。

錦絵の登場によって浮世絵は飛躍的に豪華なものとなり、現在でも世界中で日本文化の粋と評価されている。そのスポンサーとして尽力したのが1600石取りの旗本・大久保甚四郎と1000石取りの阿部八之進であった。彼らは春信に「金に糸目はつけないから、これまでになかったような豪華な浮世絵を創り出せ」といって支援を惜しまなかったのである。とくに大久保は大身の家を捨てて三浦屋という吉原遊郭の楼主となり、金銭的な支援ばかりか、遊女たちの細かい仕草などまで春信に観察させたという。

浮世絵に対する熱狂は大名の間にまで及んでいた。その中でも歌川豊春風の美人画を自ら描いて話題を呼んだのが姫路藩主酒井雅楽頭の弟の酒井抱一である。本名は忠因《ただなお》といい、20代の青年時代には吉原遊郭に出入りしたり、大田南畝《なんぽ》らの軟派文化人に親しんだりして、江戸の町の粋な若殿として人気があった。山東京伝の洒落本『通言総籬《つうげんそうまがき》』（1787年刊）の中でも、吉原で人の噂にのぼる貴公子として名指しされているほどである。抱一作の美人画は少なくとも8点確認されている。

長州藩の11代藩主毛利斉元は土筆亭和気有丈、柳花亭風姿瑞垣という名で役者絵を描いた。戯作者として知られる山東京山とも付き合いがあり、京山の次女を側室として2人の子をもうけている。また伊勢亀山藩6万石の藩主石川総佐《ふさすけ》は歌川豊国に入門し、国広という画号を与えられたという。

中には私家版の春本を製作して、正月に知人にプレゼントしたという風流な大名もあった。1851（嘉永4）年頃に成立した『正寫相生源氏《しょううつしあいおいげんじ》』は歌川国貞作で、『艶紫《えんし》娯拾《ごじゅう》餘帖《よじょう》』『吾妻源氏《あずまげんじ》』と並んで「三源氏」と呼ばれているが、『別冊太陽・春画』（平凡社）によると、『正寫相生源氏』は越前福井藩主松平春嶽が親しい人への新年の贈り物として私的に作らせたものだったという。

自由への欲求が狂歌ブームへ

こうして浮世絵を媒介として芽生えた自由への欲求が、文化運動にまで発展したのが狂歌ブームであった。狂歌とは社会風刺や皮肉を短歌で表現するものだが、これが寛政の改革の直前、天明時代（1781年〜1789年）には社会現象といわれるほど流行した。

　このブームの特徴の一つは武士から浮世絵師、商人、金貸し、歌舞伎役者、遊女屋の経営者など、あらゆる階層の人々が入り交じっていたことである。役者が賤民視されていた頃のことであるから、そこには大きな意味があった。有名な狂歌師とその職業を列記してみると、次のような名前が並んでいる。

朱楽《あけら》菅江《かんこう》　山崎景貫《かげつら》、幕臣。

軽小《けいしょう》ならん　土山宗次郎、田沼意次の腹心で勘定組頭。大田南畝のパトロンとして狂歌の発展をバックアップした。

酒上不埒《さけのうえのふらち》　倉橋格《いたる》、駿河小島藩士。彼は恋川春町という名前で1775（安永4）年、『金々先生栄花夢』という草紙を発表、これは黄表紙と呼ばれ、一躍売れっ子作家となった。

門限面倒《もんげんめんどう》　高橋徳八、館林藩士。

四方赤良《よものあから》　大田南畝（蜀山人）、幕臣。

尻焼猿人《しりやけのさるんど》　酒井抱一、姫路藩主の弟。浮世絵師。
頭光《つむりのひかる》　岸文笑、浮世絵師、狂号は若禿に因む。
蔦唐丸《つたのからまる》　蔦屋重三郎、浮世絵の版元。
筆《ふで》の綾丸《あやまる》　喜多川歌麿、浮世絵師。
花道《はなみち》つらね　5代目市川團十郎、歌舞伎役者。
宿屋飯盛《やどやのめしもり》　石川雅望《まさもち》、日本橋の宿屋の主人。
元木網《もとのもくあみ》　渡辺正雄、京橋の湯屋の主人。
大屋裏住《おおやのうらずみ》　久須美氏孫左衛門、日本橋の貸家業。
銭屋金埒《ぜにやのきんらち》　大坂屋甚兵衛、数寄屋橋の両替商。

これらの人々がそれぞれに狂歌連という結社を作って活動した。彼らの狂名とその職業を見ても、狂歌連とは当時の身分制を超越した、きわめて自由なサロンであったことがうかがわれる。しかもその中には女性もいた。たとえば元木網の妻もその1人で、狂名を智《ち》恵内子《えのないし》と称した。また朱楽菅江の妻も節松嫁嫁《ふしまつのかか》と名乗る狂歌師であった。狂歌師の間で、風刺の対象とされた1人が定信で、

世の中に蚊ほどうるさきものはなし、ぶんぶぶんぶと夜も寝られず
白河の　清きに魚も　住みかねて　もとの濁りの　田沼恋しき

という狂歌はいずれも定信を揶揄したものである。最初の句は定信が贅沢に耽ったり、春本にうつつを抜かすことを止めて、文武両道に励むよう、しばしばお触れを出した、そのことを指している。次の句の白河は定信の領地である白河（現福島県）と清流の意をかけたもので、田沼は定信の前の老中の田沼意次と、濁った沼をかけている。つまり「きれいごとばかりいう定信のことは聞いていられない。賄賂が流行ったといわれる田沼意次の時代が恋しい」というわけである。

こうして浮世絵の隆盛がもたらした自由な空気は、狂歌の隆盛と共に封建時代の身分制度に対する強烈なアンチテーゼとなったのである。その勢いに不安を感じたのか定信は、1787（天明7）年、狂歌ブームの最大のスポンサーであった土山宗次郎を公金横領の罪で斬首刑に処した。これを弾みとして、彼は寛政の改革に乗り出したのである。

第6章 近代、官製エロの時代

明治〜昭和時代

第1話　新島原遊郭の失敗

外国人を感激させた「ネクタリン」

横浜に港崎遊郭が開設されたのは1859（安政6）年旧11月だった。こう書いて「みよざき」遊郭と読む。場所は現在の横浜球場のある一帯で、今は市街地の真ん中に位置しているが、できた当初は出島のような埋め立て地だった。敷地は1万5000坪（約5万平方メートル）。そこに外国人向け（日本人も可）の遊女屋が15軒あり、300人の遊女がいたという（ほかに日本人だけを相手にする安い遊女屋も44軒あった）。

港崎遊郭に造られた岩亀楼、神風楼、伊勢楼、五十鈴楼などの妓楼はすべて瀟洒な洋館造りで、文明開化のシンボルとして日本人の憧れのマトになった。中でも岩亀楼は外国人向けの部分は3階建て、日本人向けは2階建てだったが、贅沢な造りが評判を呼び、日中は見物料を取って日本人に店内を見物させていたほどである。

また遊女たちの外国人客に対するサービスも大好評で、甘酸っぱい果物のような魅力か

港崎遊郭の絵ハガキ。「NECTARINE」の看板が見える

ら彼女たちは「ネクタリン」と呼ばれた。港崎遊郭の絵ハガキの中に「NECTARINE」という看板を掲げた店の写真が残っているが、この看板はそのサービスに感動したアメリカ人がプレゼントしたものという。

その後、港崎遊郭は吉原町から長者町、高島町から真金町などへとたびたび移転したが、外国人の評価が下落したことはなかった。むしろ外国船の入港が増えるにつれていっそう評判が高くなり、1908（明治41）年、真金町の永真遊郭の貸座敷は67軒、遊女数は1463人。これが約10年後には貸座敷80軒、遊女数は約1800人へと増大した。

新島原遊郭に外国人女性が激怒したワケ

ところで東京が首都と定められたのは1868（明治元）年の旧7月である。流布されている定説によると、その直前の旧3月に、吉原遊郭の中万字屋弥兵衛、中屋宗四郎という2人の妓楼経営者が遊郭の新設を新政府に願い出て認可され、東京が首都と定められてから1か月後の旧8月に新島原遊郭がオープンしたという。場所は現在の東京・中央区新富町にあたり、沼地や埋め立て地を整地したところであった。

その意味でこの遊郭は新政府の船出の象徴であったが、同時に新政府の無策と混乱の見本のような存在でもあった。

明治の新政府は東京を首都と定めれば、横浜に集中している外国人も東京に移ってくるだろうと見込んで、彼らの便宜のために遊郭を開設させた。その裏で横浜の遊郭の評判がよかったので、その評判をこの遊郭でも……と期待していたことはいうまでもなかった。新島原遊郭の隣りは築地の外国人居留地だったが、外国人が利用しやすいように遊郭のシンボルである大門を居留地に接するところに設けたのも、そういう思惑の表れだった。

しかし新政府の役人が勘違いしていることが1つあった。横浜で最初に開設された港崎遊郭は出島の埋め立て地に造られ、入り口には守衛や妓楼の若い衆がたむろしていたため、女性が出入りすることは事実上不可能だった。これは高島町や真金町などの移転先でも同様だった。その理由は、遊郭が開設されたのはアメリカ総領事のタウンゼント・ハリスの強い要請によるものであるが、そのことは条約にも記載せず、外国人女性には内密にするように求められていたからである。

当時、日本に来る外国人女性（単独にしろ、夫と同行するにしろ）は確固たるキリスト教の信者がほとんどだったから、男性が遊郭へ通うことは自分の存在はもちろん、信仰に対する最大の侮辱だったのだ。

ところが新政府の役人はその間のいきさつを知らなかったらしいのである。築地の外国人居留地にはアメリカ公使館や外交官夫婦の住居、ミッションスクールなどが開設された。とくにミッションスクールは立教、明治学院、雙葉学園、青山学院、女子学院など、後の日本の女子教育を担う名門校がずらりと名前を連ねていたから、隣接する遊郭の存在は西洋文明に対する侮辱と受け取られて、反日運動さえ起きかねない状況だった。

史上最短での遊郭崩壊

第2の難点は遊郭自体のレベルの問題だった。

そもそもこの遊郭の開設を出願した中万字屋弥兵衛、中屋宗四郎とはどういう人物か？中万字屋は文化年間（1804年〜1818年）に虐待死させられた遊女の幽霊が出るとして評判になったという。遊女の虐待は吉原遊郭でも日常的に行われていたが、死なれたら元も子もないので、死にいたる例はまれである。まして遊女が幽霊になって出るというのはよほどひどい仕打ちをしていたのではないかと噂になった。一方、中屋の方は吉原のガイドブックである『吉原細見』のうちのいくつかをチェックしたものの、店の名前が見当たらないので、仮の名前が使われたことも考えられる。

開業時の新島原遊郭の遊女屋は65軒、遊女の数は1000人、それに茶屋59軒、芸者屋12軒が軒を並べていた（ほかに横浜の場合と同様、日本人相手の安い遊女屋も53軒あった）。

この数字で興味深いのは業者の内訳で、東京・千住遊郭の業者が13人、深川遊郭11人、新宿遊郭5人、粕壁遊郭（現埼玉県春日部市）4人、品川遊郭と板橋遊郭が各3人、幸手（現埼玉県）、鹿沼（現栃木県）、横浜が各1人となっている。残る23軒は東京市中の業者と吉原の業者だが、その内訳は分からない（中野栄三『廓の生活』雄山閣）。

つまり中万字屋と中屋という2人の吉原の業者が主導したとされているものの、実態は関東地方各地からの寄せ集めである。吉原から参加した業者の名前が不明であるのは、主導者の2人が「わけあり」の人物だったから、有名な業者からは敬遠されたということもあり得そうだ。

いずれにしろ当時、吉原や品川遊郭とほかの地方の遊郭のレベルの差は歴然としていたから、この遊郭が江戸の粋な文化を集めた場所でなかったことは確かである。

しかも願書を提出して半年後には沼地だったところを埋め立てて、先ず遊女屋だけで59軒、ほかの業者を合わせると189軒が開業したというのだから、いかに安直な工事がなされたかも想像がつく。横浜の遊郭のような、日本人が見物に出かけたくなるような贅沢な建て物は望むべくもなかった。

問題はさらにあった。遊郭という言葉の代わりに「開市場」という言葉が用いられたことである。

幕末から明治初期にかけて、英語やフランス語など、これまで日本では使われたことのなかった外国語が次々に入ってきたために、その訳語として新しい漢語が求められ、役人の間では国造りを担っているという自負から、漢語をあてはめたり、造語したりすることが盛んに行われた。

「開市場」もその一つで、本来は外国人居留地を指す訳語として用いられ、横浜の外国人居留地もこう呼ばれたが、中野によれば、新島原遊郭ができると、それが遊郭を指す言葉に変わったというから、すでに居留地に住んでいた外国人が歓迎するはずがなかった。

こうして新島原遊郭は開業早々、閑古鳥が鳴く状況で、結局は新政府の役人が連日、入り浸って大騒ぎをやらかしていたという。それも木戸孝允や大久保利通など討幕の重鎮たちは吉原の高級な店を利用していたから、新島原遊郭にたむろするのはそれ以下の中級役人たちであり、もっとも鼻持ちならない役人のサンプルとされるような面々だった。

開業3年目の1871（明治4）年7月17日、同遊郭は太政官命令により閉鎖を命じられた。7月中にすべて引き払うよう命令されたというから、いかに無用の長物と見なされていたかが想像できる。500年以上続くのが普通という遊郭の歴史の中で、たった3年足らずで閉鎖に追い込まれたのは後にも先にもここだけであった。

新島原遊郭の遊女のほとんどは吉原遊郭へ移され、一部が根津遊郭（現在の文京区根津にあった）に鞍替えさせられたという。

第2話　ペリーに罵られた混浴

日本人の度を越した淫乱ぶりに憤るペリー

明治維新は日本が近代国家へ歩み始めた記念の一歩で、それは2つの基本原則からなっていた。先ず経済や工業などの部門については「西洋に追いつき、追い越せ」の気概を持って機械を導入し、技術を習得すること。さらに生活習慣や考え方などについては西洋から嘲笑されないように改めるという2点である。

第2の原則の前提となったのが、ペリー提督がアメリカ政府に提出した報告書であった。提督は日本に開国を要求して1852（嘉永5）年から3年続けて来日し、日本政府との交渉の経過を詳細に記した全3巻からなる報告書を自国政府に提出した。この報告書は通称『ペリー艦隊日本遠征記』と呼ばれている。その中では日本人の生活習慣が次のように描かれている。

「人々は皆非常に礼儀正しく控えめである。しかし驚くべき習慣を持っている。ある公衆浴場での光景だが、男女が無分別に入り乱れて、互いの裸体を気にしないでいる……この入浴光景を別にしても、目を覆いたくなるような猥褻な図画が載る大衆文学が多数存在する。これらは淫乱の情を促すもので、現実に特定の階層で読まれており、胸が悪くなるほど度が過ぎているばかりか、人が汚らわしく堕落したことを示す恥ずべき烙印でもある」

（中野明『裸はいつから恥ずかしくなったか』新潮社）

ほとんど罵倒に近いが、報告書の中にはこれに類する悪口雑言がほかにも沢山ある。とくに混浴（公衆の面前での裸体も含む）と春画類に対する侮蔑の念は、すべての批判に共通している。

この本は１８６０（万延元）年、有名な咸臨丸の軍艦奉行（司令官）として渡米した木村摂津守がアメリカで入手し、仙台藩の学者として知られていた大槻磐渓《ばんけい》に贈呈した。大槻はこれを翻訳して藩主に差し出し、さらに幕府へ上納されたのだという。

しかし幕府はこの批判に対応する間もないまま消滅したため、その対策は新政府に委ねられた。１８７２（明治５）年11月に制定された違式詿違《かいい》条例は、新政府が初めて示した風俗取り締まりの見解である。

違式詿違条例とは軽犯罪法のことで、より罪の重い違式と、罪の程度が軽い詿違の２つに分類され、違式が合計23条、詿違が全部で26条定められている。ちなみに罰金は違式の罪が50銭から75銭（詿違は6銭2厘5毛から12銭5厘）、払えない者は10から20の笞打ち（詿違の場合拘留1日か2日）とされた。

この時代と現代の物価を比較すると、1875（明治8）年の散髪代が10銭、2015（平成27）年は平均3800円（総務省統計局の調査による）とされているから3万8000倍に相当する。とすれば違式の罰金は現代の感覚では1万9000円から2万8500円と推定される。

混浴と春画についてはもちろん違式に属し、第9条で春画やその類の諸器物を販売する者が、第12条で男女入り込み湯（混浴）の渡世（職業）をする者が、そして第22条では裸体または肌脱ぎし、あるいは腿脛（太腿やすね）を露にし醜態をなす者が取り締まりの対象とされた。

混浴を巡る市民と政府の知恵くらべ

ではこの取り締まりによって、日本人の公衆道徳は西洋人から称賛されるほどに、あるいは政府が満足するほどに改善されただろうか？

春画類については第3話でくわしく触れるので、ここでは混浴や裸体観についてのみ検討することとする。

たとえば1873（明治6）年8月には、家の中で裸になってノミ退治をしていた主婦を邏卒《らそつ》（巡査）が発見、「外部から見えるところで裸になっていた」として、裸のまま屯所（警察）へ拘引していった。その状況からして、邏卒が板塀の節穴からのぞいていたことは明らかであった（拙編『性風俗史年表・明治篇』河出書房新社）。

また中野の前掲書によると、1875（明治8）年7月18日、東京・数奇屋町の芸者2人が浅草の三社祭に出かけた際、あまりに暑いからと、往来の傍の縁側で着物を脱ぎ、緋色の腰巻姿で涼んでいたところを巡査に発見され、屯所（警察）へ連行された。それを見ていた人が「裸でつれて行かれるのはかわいそう」と浴衣と細ヒモを付けてやったとある。

中野によると1876（明治9）年には「裸体をさらした」として検挙された者が東京だけで2091人に上った。肌脱ぎになるのは暑い季節だから、その頃には1日に50人、100人が警察へ引っ張られたのである。

一方、入り込み湯の営業で捕らえられた者は東京だけで1年に30人。1月7日には東京・下谷で店じまいの時間に来た2人の女性を、すでに客のいない男湯に入れたところ、見張っていた巡査に発見された例もあった。この経営者は75銭の罰金を科せられたという。また浅草の銭湯では金に困っている近所の老人に手間賃稼ぎをさせていた主人が捕まった。客が出た後の女湯を掃除させていたのだが、巡査は女客がいた時に掃除を始めたと見なしたのである。

大分県・別府温泉での混浴の様子（昭和初期）

　これに対して銭湯の側でも、さまざまな知恵を絞って混浴を守ろうとした。
　一例を挙げると、1874（明治7）年3月、豊岡県（現兵庫県）から内務省へ混浴についての伺いが出された。同県の温泉には湯治客が多く、病人の介抱人や付添人がいないと困ること、また山間へき地の湯屋では浴室が1つしかない例も多いが、この場合も禁止すべきかというもの。1876（明治9）年7月、内務省が混浴を許可。

また1875（明治8）年3月、白川県湯町（現熊本県山鹿市）の戸長（この場合は町長）から県へ混浴許可願いが出された。当地では親子夫婦の介抱や男女の奴婢の仕事時間などの関係から、ぜひとも混浴を認めて欲しいというもの。こちらは不許可だった。

混浴が禁止された結果、あらためてその素晴らしさに気づいたのか、東京では男性からも女性からも不満が募った。その思いに報いるために知恵を絞った銭湯も見られた。

1872（明治5）年、違式詿違条例が制定されるのとほぼ同じ頃、東京にはガラスで男女の浴槽を区切った銭湯が現れた。ガラスはきわめて珍しかったので、男女ともに客が急増したという。

1876（明治9）年11月には男女の浴槽の境を遊郭のような格子戸で隔てた銭湯が登場し、これまた人気を集めた。

男女の脱衣所の境界に通用口を設けて、行き来が行われるようになったのは1880（明治13）年頃からである。子どもの面倒を見るために往来する若夫婦や、夫や妻の体を流すために行き交う男女のほか、時には男風呂にいる若者が女風呂から声をかけられたりして、いそいそと出かけたという。

外国人による混浴礼賛

ところで、このような日本側の変化は外国人にちゃんと伝わっていたのだろうか？

実はその頃、外国人の間では意外なことがぼっ発していた。外国人の男女に混浴好きという人が急増していたのである。

明治時代、日本で暮らしたフランス人画家ビゴーが描いた混浴の様子（「日本人の生活」より）

たとえばフランス人の弁護士で、1872（明治5）年にお雇い外国人として来日したジョルジュ・ブスケは『日本見聞記』の中で、次のように記している。

「(日本の女性は) 男女混浴の公衆浴場にいってもかまわない。これはつい最近までは江戸にもあったし、地方ではいまでもある。彼女の羞恥心は何ら傷つけられない。彼女が予め不安を感じていないからである。皆が自分の体をこすり、石鹸で洗い、熱い湯に浸っている浴場の光景は、結局実直な習俗は裸の習慣と調和できることを証明している」

日本における考古学の創始者として有名なエドワード・モースも、日光などへ旅行した際の思い出などを記録した『日本その日その日』の中で、ブスケとまったく同じ感想をもらしている。要するに西洋人は裸体を他人に見せることを破廉恥と見なすように育てられてきたが、日本人は数百年にわたって無作法とは思わないできた、それは軽蔑すべきかどうかという問題ではなく、文化の違いに過ぎないというわけである。

この点は女性の場合も同様である。エリザ・R・シドモアはアメリカの女性地理学者で、ワシントンのポトマック河畔に桜を植えようという運動の発案者として知られている。彼女が初めて来日したのは1884（明治17）年で、以来20年の間にしばしば来日したが、『シドモア日本紀行』において、混浴への思いをこう述べている。

「村通りの茶屋を改造した公衆浴場は、しっかりした木造の屋根と板塀に囲まれていますが、道側の入り口は開きっぱなしでカーテンもなく、さらに老若男女は、まるで市場や街角で出会うように気兼ねなく挨拶します。初めて目にする外国人は、この驚くべき素朴さにびっくり仰天。しかし長く滞在しているうちに、大衆は子供のように天真爛漫で、妥当な新しい道徳観念をもっていることに気づきます」

混浴の軽蔑派と共感派、このような極端な意見の違いがどうして生まれるのだろう？

そこにはいろんな見方が可能だろうが、少なくとも『ペリー艦隊日本遠征記』に採られた意見の持ち主が国家の意向に沿うタイプだったのに対して、混浴の共感派は自分の実感に従った人々だったことは確かである。

第3話 近代のエロ本は科学風味に

春画・エロ本の取締令

『ペリー艦隊日本遠征記』において、日本の混浴の習慣や春画・エロ本類が大手を振って出回っていることに対して露骨な侮蔑の念が表され、新政府はこの点にも対処する必要に迫られた。

その結果、1869(明治2)年旧5月、「淫蕩を導くことを記載することを禁ずる」という行政官通達が出されたのを皮切りに、1872(明治5)年11月、違式詿違条例の制定、そして1875(明治8)年9月には出版を試みる者は草稿か完成した本を内務省に提出しなければならないとする出版条例が発布されるなど、春画・エロ本の取締令が矢継ぎ早に公布された。

では、それによって根絶されたかといえば、1876(明治9)年8月7日付の「東京日日新聞」に、

「春画が厳禁になりてより、道具屋、古本屋は申すまでもなく、絵草紙屋にもこれらの淫書を売買する者は一人もなくなりたるは、実に文明開化の御代の美政なり」

という記事があって、相当に効果があったように推測される。

しかし永田生慈《せいじ》の『資料による近代浮世絵事情』（三彩社）にはまったく別の状況がいくつか記載されている。

先ず、明治の初期には浮世絵の値段が大暴落して、繁華街周辺の露店では1枚1銭くらいで売られていた。つまり塵芥扱いだから一般の関心はひかなかったが、がらくた扱いの中には掘り出し物も多かったので、好事家が懸命に漁り回っていた。馬喰町に住んでいた吉兵衛というテキ屋はネズミ取りの薬を販売していたが、片手間に扱い始めた浮世絵でひと財産築いたという。その点では浮世絵人気が衰えたとは決していえなかった。

永田が指摘しているもう1つの事情は、この頃、外国人の間に爆発的な浮世絵ブームが起こったことである。このために古美術商が所蔵していた高価な作品類はこぞってそちらに流れたが、外国人との売買だから目につかなかったのである。要するに明治維新の社会的な混乱の中で、実態が見えにくくなっていただけで、浮世絵の取り引きは江戸時代とは別の意味で盛んだったのである。

明治の性典『造化機論』

「東京日日新聞」の記事とは異なる状況がもう1つあった。出版条例が発布されて2か月後の11月12日、近代初のエロ本の出版が認められた（発売は1876年）。それらは江戸時代の春本とは内容もさし絵類もあまりに異質だったために、世間の関心は新しいタイプのエロ本に集中したのである。

タイトルは『造化機論』といい、米国・善亜頓（ゼームス・アストン）原撰、日本・千葉繁訳述と表紙には印刷されている。これ以後、同種のエロ本が続々と世に出された。造化機とは耳慣れない言葉だが、訳者である千葉の造語で、ペニスとバギナを指している。

全体は乾坤の2巻からなっており（ただし2巻とも1冊に収められている）、乾の巻は「第1条・陽経《をとこのもの》の論。第2条・精虫の論。第3条・陰経《をんなのもの》の論。第4条・情欲の論。第5条・懐妊の論。第6条・胎児《はらのこ》に男女ある論。第7条・胎児の生長《そだちかた》の論」の7条からなっている。ちなみに坤の巻の目次には「早年《としわか》にて交媾するの害ある論。淫欲を過ごして後に害ある論。淫欲を強むる薬剤の論」など11条が並んでいる。

さらにページをめくると、第1条・陽経の論は、

「男子の生《う》殖器《みうつは》は体の前に着きたる二つの物より成り、一つを陰茎《いんけい》といい、一つを睾丸《きん》と

いふ。又この二物を併せて「セニタルス」と名づくることあり」

という説明から始まって、男性器の図解や大きさ、さらには勃起不足の際の対処法にまで言及している。それによると、

「陰茎をこすって、何度もぬるま湯につかるといいという意見があるが、人によっては害がある。むしろ陰茎をこすってほどよい大きさになったところで排気管（空気を抜く器械）をその上にかぶせ、内の空気を抜き去る法あり、この方にて効《しるし》を表わせし例多し」

とある。1960年代まで、国内で「ホリック式陰茎増大器」というのが売られていたが、あれと同じものと想像してよさそうだ。

本書の構成は第2条・精虫の論、第3条・陰経の論なども同様で、精虫の論（精子のことを千葉は精虫と訳している）では精虫の形状と図解、その役割。陰経の論では女性器の形状と図解、役割

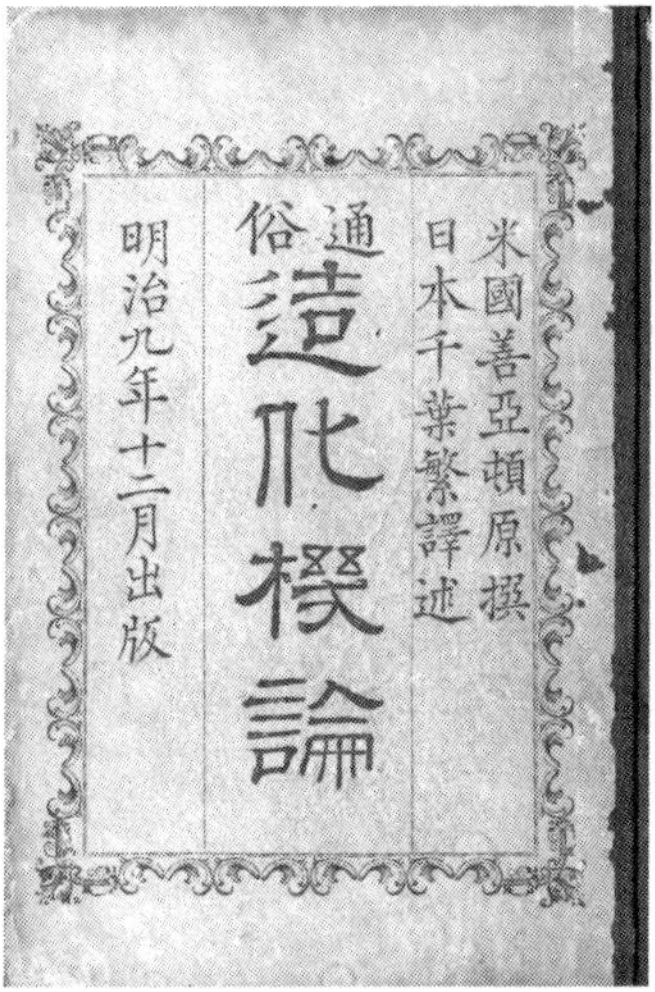

『通俗造化機論』

が述べられている。その意味では婦人科学の入門書といった趣きだが、人気の秘密は何といっても女性器の解剖図や精虫の形と動きを表した絵図、胎児の成長過程図などのさし絵類で、これまでの体位一辺倒の艶本と比較すれば、いかにも新時代にふさわしい「科学する心」が感じられたのであろう。

とすれば、近代エロ本の第1号を作った千葉繁とはどんな人物か？

千葉の足跡を追った赤川学が『明治の「性典」を作った男　謎の医学者・千葉繁を追う』（筑摩書房）という著書の中で興味深いことを指摘している。

赤川によると、千葉は神奈川県の十一等出仕という下級公務員で漢語と英語に堪能だったという。漢語と英語に堪能な役人といえば、第1話で紹介した新島原遊郭に関わった役人のことが思い出される。この役人も「漢語と英語が出来ない者は一人前にあらず」という明治初期の風潮の中で、その条件をクリアしたという自信に溢れて遊郭の開設に尽力していた人物だった。だから遊郭のことも、日本人によく知られた遊郭という言葉ではなく、開市場という当時の漢語を取り入れようとしていたという。

そういうピント外れの自負心から新島原遊郭は失敗するのだが（もちろんこの役人だけの責めではないが）、千葉の場合も『造化機論』の初篇の訳文は難解な漢文調で記されている。おそらく造化機という耳慣れない言葉も、漢文自慢から造り出したものと思われる。

しかし千葉の場合は、新島原遊郭に関わった役人よりも目端がきいた。さし絵が珍しいとして初篇も大いに売れたが、漢文調の本文が難解という批判が相次ぐと、千葉は即座に読みやすい日本語に切り替えて新たに発売し直したのだ。題名は『通俗造化機論』とされている。『通俗造化機論』の版権が許可されたのが1876（明治9）年9月9日になっているから、まだ『造化機論』の余韻が冷めない頃だったはずである。それでも読みやすい『通俗造化機論』はいっそうのベストセラーとなった。

その売り上げのほどは定かでないが、博物学者として知られた石井研堂が『明治事物起源』の中で、『通俗造化機論』をもって「性典の第1号」と誤解したくらいだから、漢文調の『造化機論』はすっかり影が薄くなっていたのである。なお、ここで引用した一節も『通俗造化機論』によったものである。

時代に後押しされたエロ本作家

この2冊の好評に勢いを得て、千葉は1878（明治11）年4月、米エドワルド・フート著、千葉繁訳の『造化機論二篇』を出版した。

これがまた、奇想といってていいほどのアイディアによって作られた本で、交合の快楽は人体中の人身電気、交合の際の化学反応によって起こる舎蜜《せいみ》電気、それに性器の摩擦による摩擦電気の3種の電気によると説明したのである。

その着想だけでも奇抜だったが、この数日前、東京・虎ノ門の工部大学校で、日本初の電気（アーク灯）の実験が行われ、成功したばかりだった。電気に対する関心が急速に盛り上がった時に、この本がポンと発売されたのである。果たして千葉が電気界の動きを知っていて、この本を選んだのか、出版がたまたま工部大学校の実験と重なっただけなのかは不明だが、それによって本が大いに売れたことは確かであった。

いずれにしろ、これらの造化機論（計4冊）によって造化機はこの時代を象徴する言葉の一つとなった。ある研究者によると、明治時代に造化機という言葉を使った性典類は60種に達し、それに属する語が用いられた本はざっと300冊を数えるという。造化機という言葉に象徴される性典の文化圏が構築されたといってもよいだろう。

なおこれらの性典類には不思議な共通項が見られた。たとえば1878（明治11）年刊の『通俗生殖器論』の奥付には10人の書店主が列挙されている。江戸時代の書店主とは出版元であると同時に、仲間の本の小売り屋を兼ねていたから、それとの類推で考えれば、この10人も仲間の本を売るために一肌脱ごうという面々のように思われる。

しかし10人の書店主が自ら出版している本を見ると、『太政官日誌』（現在の官報）や太政官布告など政府の公的出版物を一手に引き受けている本屋、警視庁御用書物師に任ぜられ、『警察令全書』などを出している本屋、宮内省の御用書肆、日本の教育制度の根幹の資料を出している本屋といった具合である。

これらの、エロ本とはもっとも縁遠いはずの本屋がなぜ、エロ本業者と結託していたのか、筆者には皆目見当がつかない。そこには解明すべきこの時代の謎が顔を見せているように思われる。

第4話　盆踊り禁止と庶民の反発

国民を賤民と呼んだ新政府

西郷隆盛、坂本龍馬、桂小五郎（木戸孝允）など下級武士たちの活躍によって討幕が実現し、明治の近代国家がスタートした。

しかし政府に対する庶民の人気は出だしから今イチだった。これまで藩の運営も経験したことのない下級武士たちが、いきなり国家経営の中心的な役割を担うことになったのだから、最初はうまくいかなくても当たり前という面もあったが、そういう理由ではすまされない事情もあった。

その事情の一つとして、新しく支配者層に昇りつめた人々が、国民を「愚民」と決めつけていたことが挙げられる。たとえば１８７１（明治４）年11月、東京府が混浴禁止令を発布した。禁止令はこれまでにも2度、３度と出されていたが、効果がなかったためにまたもや布告されたのである。そしてこのお触れの冒頭には次のような文句が記されていた。

「府下賤民共、衣類を着けずに裸体にて稼ぎ方いたし、或は湯屋へ出入り候者も間々これあり」

賤民という言葉が肉体労働者を指していることは、文脈からしてもいうまでもないが、新しい支配層にとって肉体労働者は賤民だったのである。ちなみにこの時の東京府知事は由利公正であった。由利は幕末に福井藩の下級武士から取り立てられた人物で、明治国家のあり方を示した「五箇条の御誓文」を起草したり、民選議院の設立に奔走したことで知られている。その点では自由な精神の持ち主と目されていたが、そういう人物からも肉体労働者は賤民と見なされたのである。

そのほかに県知事が布告や通達で、住民を「愚民」と決めつけているケースは枚挙にいとまがないし、福沢諭吉も『学問のすゝめ』の中で、「努力を怠る人間が愚民として、政府から過酷な扱いを受けるのは自業自得だ」という意味のことを述べている。彼らは秀才であり、出世するために大変な努力も重ねただろうが、そもそも討幕運動とは努力しても報われない時代に対する反発からスタートしたのではなかったか。

こういう政府の姿勢は、必然的に愚民の側の反発を招くことになった。この対立が先鋭化したのが盆踊り禁止令であった。

盆踊りを巡る攻防の激化

盆踊りは中世の念仏踊りから起こったもので、最初から男女の乱交を伴ったレジャーであった。盆踊りは江戸時代にとくに盛んになったが、その流行は明治の新政府にとって、不名誉きわまりないことであった。

盆踊り禁止令が日本で初めて制定されたのは前橋藩（現群馬県）で、1870（明治3）年7月のことである。『群馬県警察史』に、

「古来より盆踊りと申すこと、当国においては、このやうな賤しき風俗はこれ無きはずのところ、近来、越後辺より下賤の者入り込み候故か、悪風をならひ、盆踊りと唱え、夜遊びいたし候向き相聞こゆ」

とあり、取り締まりを行ったことが記載されている。ただし、この記述には2つの注釈が必要である。第1は、ここに引用しなかった部分に「すでに昨年中も厳重に取り締まりをなし……」という文句が見えているから、1869（明治2）年から取り締まられていたということ。第2点は「このやうな賤しき風俗はこれ無きはず」という一節で、そのまま読めば、江戸時代に群馬県には盆踊りが行われていなかったように受け取られるが、群馬県下で江戸時代以前から盆踊りが行われていたことは、十分に実証が可能である。

1920（大正9）年8月、福島県・会津若松盆踊りの絵ハガキ

その点はさておいて、これを引き金として1872（明治5）年7月に京都、1873（明治6）年8月には秋田県と島根県、1874（明治7）年6月には岐阜県で禁止令が布告され、徐々に全国へ拡大していった。

と同時に反発も激化した。新潟県では1879（明治12）年9月、盆踊りが禁止されたことに対する警察と住民の小競り合いが県内数か所で起こっている。さらに1882（明治15）年7月には長岡周辺で、ケッサクな糞尿騒動がぼっ発した。『長岡市史・通史編』には、その騒ぎがこう記載されている。

「長岡周辺の村々は一村に一か所ずつ雪隠（便所）や水小屋をつくるため、共同の地固めを行なうと称して盆踊りを再開することを申し合わせた。

……関原村の若い衆は（明治）17年夏、鎮守の境内で盆踊りを行なったが、警察の介入を恐れて、周りの道に糞尿をまいて防衛線をつくった。当人たちもにおいに辟易したが、巡査はひそかにそれを越え、36人を検挙してしまった」

警察除けの糞尿線というのもおかしいが、地元の人々にとって、盆踊りとはそうまでして守りたかったものなのである。このイタチごっこは１８９０（明治23）年頃まで続いたという。

その後、警察に対する反感はいっそうエスカレートし、１９０８（明治41）年8月には青森県大野村（現青森市）で、盆踊りを中止させようとした巡査が袋だたきにされるという事件が発生した。同じ年に長崎県の炭鉱地帯でも、盆踊りの取り締まりに出向いた巡査が、十数人の炭坑夫に縄でぐるぐる巻きにされ、坑内に閉じ込められるという事件も起こっている。

警察との対立が警官殺害にまで発展したのは１９１４（大正3）年である。場所は茨城県笠間町（現笠間市）で、３００人の青年男女が学校の校庭で盆踊りを始めたため、笠間署の巡査が急行して中止させた。青年たちの一部は裏手の明神山に登って、巡査に対して大声で罵詈雑言を浴びせ、それを止めさせるために巡査が山に向かった隙に、盆踊りを再開、巡査が自転車で校庭へ引き返す途中、物陰に隠れていた４人の青年が薪《まき》を持って襲撃し、殴られた巡査が死亡したのである。

『茨城県警察史』によれば、この巡査は「みだらにして俗悪な盆踊りの悪習を廃する」ことにとくに熱心で、理想の警察官だったとある。これに対して事件を報じた「いはらき新聞」には、巡査の性格が「すこぶる厳格にして、寸毫の仮借なく……」と書かれている。襲撃犯の１人は懲役12年、３人は10年に処せられたという（拙著『盆踊り　乱交の民俗学』作品社）。

「五箇条の御誓文」はフリーセックスのすすめ？

ところで前に、「五箇条の御誓文」の原案を創ったのは由利公正だといった。これは明治天皇が国のあり方を示した基本方針であり、「広く会議を興し万機公論に決すべし」など５か条からなっているから、こう呼ばれるが、この御誓文がきっかけで、大阪・南河内郡磯城町（現太子町）ではフリーセックスが流行したという。この３条に、

「官武一途庶民にいたるまで、おのおのその志を遂げ、人心をして倦まざらしめんことを要す」

（文官武官から庶民にいたるまで、それぞれ自分の志を遂げ、人々が飽きのこない人生を送れるようにすることが大切だ）

とある。この条文を「飽きがこないようにセックスしてよろしい」と、こじつけて解釈したのである。

民俗学者の宮本常一の『忘れられた日本人』（岩波書店）によると、この地は聖徳太子の御廟（叡福寺）のあるところで、通称「上の太子」と呼ばれている。ここでは毎年4月22日（旧暦）に会式が行われるが、この会式は「一夜ぼぼ」と呼ばれ、誰と寝てもよい日とされていた。

「参詣した人々は堂の前に集って、音頭をとり石撞をした。そのそめきの中で、男は女の肩へ手をかける。女は男の手をにぎる。すきと思うものに手をかけて、相手がふりはなさねばそれで約束はできたことになる。女の子はみなきれいに着かざっていた。そうして男と手をとると、そのあたりの山の中へはいって、そこでねた。これはよい子だねをもらうためだといわれていて、その夜一夜にかぎられたことであった。この時はらんだ子は父なし子でも大事に育てたものである」

というのが「一夜ぼぼ」だが、明治時代になって、この風習に対する警察の目が厳しくなってくると、この条文を逆手に取って、「一夜ぼぼ」の夜以上に乱交が盛んになったのである。宮本によると、それまでは「一夜ぼぼ」の日以外には、亭主のある女性のもとへ夜這いに行くことはなかったが、そういう制限もなくなったし、昼間でも、家の中でも、山の中でも、好きな女と寝ることが流行って、「ええ世の中になった」と、みんなして喜んだというのである。

しかし常識的に考えれば、いくら愚民と罵られる人々でも、このような解釈を本気で押し通すとは思えない。むしろ愚民扱いする巡査に反発した人々が、「御誓文は好き勝手にセックスしていいという天皇のお言葉だ」と曲解したふりをして、乱交を始めたのだろう。そして、天皇の言葉を取り締まったら我が身に災難が及ぶことを恐れた担当の巡査がその扱いに困っているうちに（あるいは知らぬ顔を決め込んでいるうちに）、乱交の方がエスカレートしてしまったといったあたりが妥当な見方のようにも思われる。居丈高な巡査に対するギャグとして「五箇条の御誓文」を持ち出したところ、本当に通ってしまったというわけである。

それもまたスタートしたばかりの近代日本の世相の一面であった。

第5話 エロ写真ブームと日露戦争

日本で最初にエロ写真を見た福沢諭吉

日本で一番最初にエロ写真を見たのは誰か？　そして一番最初にエロ写真を撮影したのは？

第1の疑問に対する答えは1861（文久元）年12月、幕府から竹下下野守保徳を正使とする遣欧使節団である。一行は38人、その中には福沢諭吉、福地源一郎、松木弘庵（寺島宗則）など、明治時代に活躍する面々がずらりと顔をそろえていた。このメンバーが第1号だったようである。

彼らはパリ滞在中にナダールという写真館で記念撮影を行い、そのポートレートが小沢健志編の『幕末　写真の時代』（筑摩書房）に収められている。その頃のパリはステレオ写真と呼ばれるエロ写真（ヌード写真）の全盛期で、ナダールの写真館もその有力店の一つに挙げられていた。ナポレオン3世もこの店に通っていたことが分かっているという。

ここはパリでも料金の高いことで知られていたから、そういうところで撮影したとなれば、当然ながらこれらのエロ写真も見たはずだというのが、エロ写真を見た第1号と推測される理由である。ただし遣欧使節団のメンバーは、そのことについてはひと言も書き残していない。

幕末に撮られた遊女のヌード

日本で一番最初にエロ写真が撮影されたのも、ほぼ同じ時期だったようである。日本に初めてカメラが伝来したのは1848（嘉永元）年で、長崎の御用商人・上野俊之丞がオランダから輸入して薩摩藩に納めた。その後、写真術の研究は長崎と伊豆・下田を中心に急速に発展した。

長崎では1857（安政4）年、オランダ人軍医のポンペを中心に幕府の医学伝習所が開設され、上野彦馬、松本良順、内田九一らが学んでいた。上野は上野俊之丞の長男で、1862（文久2）年に日本初の写真館を開いた。松本は初代の軍医総監になる男で、内田も1872（明治5）年に、天皇の肖像写真を撮影したことで知られている。この写真が後に御真影として使われた。

その中で、上野彦馬がエロ写真を撮影していたことについて、長崎出身の美術評論家で、子どもの頃に上野の実家にも足繁く出入りしていた永見徳太郎が、次のように述べている。

「この写真家が撮影したものと伝へられるX写真（隠語でエロ写真のこと）を或るところで見たことがあった。枚数は2、3枚と記憶する。屏風のかげより忍び出るところとか、四十八手の秘技とかがあった。……安政時代と見られたが、あるいは慶応の頃かも知れぬ」（「グロテスク」1929年7月号）

永見は内田の親戚にあたるが、内田も彦馬らといっしょに丸山遊郭の遊女のヌードをしばしば撮影していたという。内田は1868（明治元）年に長崎を離れ、大阪で写真館を開業しているから、この話はそれ以前ということになる。

一方、下岡蓮杖は下田の生まれで、若い頃から絵師としての才能を評価されていたが、ある時、江戸の薩摩藩邸へ用達に行った時、若い藩士たちが写真機で撮影した作品を見て、「毛筆の及ばないこの世の妙技」と感動したと伝えられている。この写真機は上野が薩摩藩へ納めたものと思われる。

その後、絵師の道をあきらめた蓮杖は、下田でハリス総領事の通訳をしていたヒュースケンについて写真の研究を始めた。ヒュースケンは蓮杖の熱心さに感心して、帰国する際、蓮杖に写真機と道具一式をプレゼントしたという。

その甲斐あって、彼は上野と同じく1862（文久2）年暮れに横浜で写真館を開業するのだが、写真家の内藤正敏によると、それ以前に下田で下女のヌードをせっせと撮影していたという。しかもそれがたび重なったため、怒った下女から代官所へ訴えられたこともあった（「東京国立近代美術館ニュース」1974年1月号）。

こうして幕末の日本でエロ写真の時代が到来したのである。

その後、普通の写真もエロ写真も、順調に発展した。明治時代にはカメラは家が1軒建つほど高価なものだったから、秘密の写真となると一部の富裕層か街の写真館で撮影されたものに限られていたが、明治10年代に東京・浅草に40軒近い写真館が林立すると、客の注文に応じてエロ写真を撮影することが当たり前になった。

その様子は服部撫松の『東京新繁昌記』にも描かれている。中には芸者置屋が半玉（修業中の芸者）のヌード写真を撮って、お得意さんに配ることもあったという。好みの女性がいたら水揚げしてもらおうというわけである。

戦地にばらまかれたエロ写真

エロ写真の流行を決定づけたのは日露戦争の際、エロ写真が国策として戦場に送られたことであった。

1894（明治27）年、日清戦争がぼっ発すると軍事郵便制度が設けられ、そのマークとして上半身裸の女性の絵が使われた。現在のハガキでは表面の左肩に花柄などが印刷されているが、軍事郵便はそこにセミヌードが用いられたのである。しかしハガキの紙質が粗悪なため、何が描かれているのか分からないという悪評が殺到した。

これに対して1904（明治37）年に始まった日露戦争では、3人の芸者をモデルにしたヌード写真が撮影され、慰問品として戦場にばらまかれたのである。富士山が描かれた書き割りの前で、芸者がポーズを取っているもので全12枚。「真善美集」という通しタイトルが付いていて、さらに1枚1枚に「花一輪」「慕情」など絵柄に合わせた題名が記されている。いかにも官製のエロ写真らしく、上品さを前面に押し出した写真である。

ただし元警視庁の風紀係で『コソコソ昭和史』『地下解禁本』などの著書のある小野常徳によると、政府が発行したエロ写真は「真善美集」だけだったが、前線には好事家から提供してもらった写真や、エロ写真や浮世絵の業者に警察の方から話を持ちかけて作製されたエロ写真や春画も大量に出回っていた。

好事家の写真の中には鹿島清兵衛が撮影した吉原遊郭の太夫のヘア・ヌードも含まれていたという。清兵衛は明治の豪商で、新橋の名妓・ぽん太を身請けしたり、写真に入れあげて財産を蕩尽した男として有名である。

また警察から持ちかけた業者の名前や人数などは不明だが、警察の監視の目がゆるいのをこれ幸いと、多くの業者がどっと参入してきたので、戦後はそれらの業者の取り締まりに追われることになった。

その一部を紹介すると、1906(明治39)年3月6日、小石川署に深川区黒江町、芝区愛宕町、四谷区尾張町の業者が芋づる式に逮捕され、ヌード絵ハガキの原板が合計199枚、完成したヌード写真約3000枚が押収された。同年8月25日には春画を販売していた露天商13人が逮捕され、版木500組余と、浮世絵の春画5000枚以上が押収された。

さらに翌年の1907(明治40)年8月には日本橋、神田、浅草など市内7区に潜んでいた春画の業者を摘発、警視庁創設以来最多の春画や版木を押収した(逮捕された人数や押収した春画の枚数などは不明)。

そして1908（明治41）年8月には警視庁が管内の全警察署を動員して、3日間にわたって春画やエロ写真の摘発を実施し、100人以上を逮捕、エロ写真12万枚のほか、写真の原板2000枚余、春画の版木700枚余、エロ本16万部を押収した。しかもその取り調べから大阪には東京に匹敵するくらいエロの業者がいて、広島や博多、新潟などでも多くの業者が暗躍していることが判明したという。

いずれにしろ戦場で初めてエロ写真に接した兵士たちは復員後、「自分もエロ写真を撮ってみたい」という欲に目覚めた。その結果、明治末期から大正時代にかけて、日本では一大エロ写真のブームが巻き起こったのである。

しかし同じく国運を賭けた戦争でも、第2次世界大戦の際にはエロ写真や春画を兵士に送ることは禁じられた。エロ写真を慰みとするような不心得者は神国ニッポンにはいないということなのだろう。

唯一認められたのが志摩半島（三重県）の海女の写真で、乳房を露出させた彼女たちの姿は仕事の必要によるもので、わいせつではないとされたのである（小暮修三「甦る戦前の〈海女〉」『東京海洋大学研究報告』10巻）。ほかには京都の舞妓のだらりの帯の姿などが慰問品にふさわしいとして推奨された。

ただ戦前からのセックスコレクターとして知られた伊藤健太郎氏によると、1941（昭和16）年の太平洋戦争の開戦時には、東京ではすでに現像液や印画紙などが不足していて、コレクター仲間の写真屋さんも出征兵士の記念写真を撮るのが精一杯だった。日本中が真珠湾攻撃に沸いているさなか、その写真屋さんは「これが最後のエロ写真になるだろう」といって、伊藤さんを始めとする十数人の仲間に自ら焼き増ししたエロ写真を1枚ずつプレゼントしてくれたという。

第6話　性の用語としての〈処女と童貞〉

陰茎と膣の出現

性の関係を表現する言葉には庶民の間で用いられる俗語（会話用語）と、史書や文学作品、あるいは辞書や医学資料などに記録された史料用語の2種類がある。

俗語とはおまんこやぼぼといった言葉を指し、史料用語に属する例として陰茎、膣から精液、淫水、陰核などの言葉が含まれる。今回は後者に属する言葉がいつ、誕生したのかというのがテーマである。

後者に限定した理由は俗語の場合、おまんこのように1つの言葉が女性器を指す地方もあれば、性交を意味する地方もあるなど、語源的な探索が不可能なケースが多いからだ。

またこの話を近代の最後に設定したのは、処女と童貞という一対の言葉が定着したのは昭和に入ってからであることに基づく。

ところで『記紀』では陰茎と膣は「成り余れるところ」「成り合わぬところ」と呼ばれ、その後はへのこ、おまんこなどの俗語で表される時期が長く続いた。陰茎という言葉が史料に登場するのは室町時代である。この時代に日常語約3000を集めた『下学集』という辞書が作られ、

「陰茎。インキョウ、男ノ前陰ナリ」

と記載されたのが最初。同書は1444（文安元）年に成立したが、刊行されたのは170年以上経った1617（元和3）年であった。さらに1765（明和2）年に刊行された『軽口東方朔』巻五（並木正三作）の中に、

「我は陰茎の大なること馬よりもすさまじく」

という文句がある。陰茎という言葉が軽口集で用いられるほど一般に広がっていたことがうかがわれる。

膣の場合、陰茎よりはるかに遅く、大槻玄沢が1826（文政9）年に刊行した『重訂解体新書』に登場したことに始まる。『重訂解体新書』は杉田玄白らが1774（安永3）年に刊行した日本初の解剖学書である『解体新書』を、玄白の高弟の大槻が増訂・改訳したものである。ただし大槻が造ったのは「膣」という字で、「しつ」と読ませたが、

なぜか世間には「膣」という字として広がったという。

処女と童貞の意味の変遷

処女と童貞という言葉も、性関係の用語としてはもっとも基本的な部類に属する。処女という言葉は平安時代の818（弘仁9）年、嵯峨天皇の勅命により編さんされた漢詩集の『文華秀麗集』に、

「受命漢祖に師となり、英風万古に伝ふ。沙中の義初めて発り、山中の感、弥《いよいよ》玄《おくふか》し。形容処女に似て、計画強権を撓む」

とあるのが初出である。この漢詩は漢の高祖に仕えて大功を立てた張良という人物について述べたもので、「形容処女に似て」とは「張良の姿形は女性に似ていて……」という意味であり、性的な意味合いを込めた表現ではない。

それからざっと900年後の1703（元禄16）年に刊行された『松の葉』という歌謡集の中に、「みやいちがよれたよれた、しょぢょがなさけ」という文句が見えている。この本は三味線用の歌を集めたものであるから、歌はいずれも庶民の使用する俗語で創られている。とすれば処女は異性経験のない女性というイメージが、この頃にはすでに芽生え

つつあったようである。ただしその後、定着したような痕跡は見当たらない。いずれにしろ、性の用語は庶民の間で流通していた俗語と、広い意味での「史料用語」があり、「史料用語」の中の使いやすい言葉が庶民に選ばれて徐々に定着していくという流れのあることが想像される。

同じようなパターンは童貞という言葉についても指摘できる。この言葉の発端は1876（明治9）年、横浜に設立された「仏語童貞学校」（横浜雙葉学園の前身）で、当初は「聖母マリア」を指す言葉として用いられた。

これが性的な意味に使われるようになるのは大正時代で、1925（大正14）年版の『広辞林』では「婦人又は男子が幼児の純潔を保持し、未だ異性と交遊せざること」と説明されている。ここでは男に限定した言葉とはされていないが、1927（昭和2）年、当時の性学者の澤田順次郎が「処女と童貞」という論文を発表、これをきっかけに童貞が異性経験のない男子を指すようになった。その結果、処女と童貞が対のセックス用語として定着するようになったのである。

処女の関連用語に処女膜がある。『解体新書』の一節にある「処女は、膜陰器の内に必ずあり」という記述が処女膜に関する日本初の記録だが、玄白は処女膜という言葉は使っていない。その後、大槻が『重訂解体新書』において処女膜を「孃膜」という言葉で紹介したものの定着しなかった。

処女膜という言葉が初めて使われたのは緒方洪庵訳の『扶氏《ふし》経験遺訓』（1857年刊）で、「よろしく外科術を行って処女膜を截開すべし」と書かれている。これは処女膜肥厚という病気の治療法について述べたもので、以後、急速に広がった。1876（明治9）年5月3日の「朝野新聞」には上総国（現千葉県）長柄郡の医師が「西洋にて初所膜（処女膜のこと）といえるもの」の切開手術を行ったという記事が見えている。

『解体新書』といえば、日本ではペニスの先端を亀頭と呼んでいるが、解剖学者で、医史学の第一人者である小川鼎三によると、これも『解体新書』に記載されたことから広がったという。ただし小川によると、玄白の造語ではないことは確かだが、誰が造り出したかとなると調べが及ばなかったという。ちなみにヨーロッパでは「ドングリ」と呼ばれる。これはラテン語の「グランス」からきたものだが、生理学者や解剖学者の間では、「ドングリ」より「亀の頭」の方が「いい得て妙」と称賛されている。

男性の亀頭に相当するのが女性のクリトリスで、現在では陰核という呼称が一般的である。陰核はもともと男性の睾丸や精嚢を意味していた。それがいつ頃、クリトリスを意味するようになったのか、研究者の間でも今もって分からないという。江戸時代の代表的な随筆家である大田蜀山人は1809（文化6）年に『金曽木《かなそぎ》』を出版したが、その中でへのこ（男性器）の説明として、

「古は睾丸または陰核の称呼たりしも、今は専ら男陰の称呼となれり」

と述べているから、この頃までは、陰核は男性器もしくはその部分を表す言葉だったわけである。陰核に触れた資料をもう一例紹介すると、奥山虎章《とらふみ》は近代日本のもっとも初期の海軍医官で、1872（明治5）年に西洋の医学用語を集めた『医語類聚』を出版し、近代医学の普及に貢献したことで知られている。その中に「クリトリス」の訳語として「陰核」という言葉をあてている。とすれば陰核がクリトリスを意味するようになったのは、日本の近代化における最初の変化の一つだったのかも知れない。

なお『解体新書』にはクリトリスの訳語として廷孔とあるが、廷孔とは中国語で尿道口を表すので、玄白が誤訳したものと見られている。

淫水、精液は平安時代から

ところで性交の際に女性の陰部から出る粘液は、1960年代に官能小説の流行によっ

て愛液と呼ばれるようになるまで、淫水という言葉が一般的だったし、男性器から分泌する液は精液と呼ばれる。これらの初出はともに平安時代で、淫水という言葉は第3章で紹介した『鉄槌伝』というエロ本の中で使われている。

「鉄処士（ペニスのこと）は……それ一剛一柔、陰陽の気候（ここでは生命力の意）を体す。或は出で、或は処《お》り、君子の云為（言動）に類す。況んや復淫水を治めて功あり」

漢文だからいささかなじみにくいが、意味するところは「ペニスを自在に操って自らの強靭さを示し、出る時は出る、退く時は退くなど、君子の言動に近い。まして淫水をコントロールすることにかけては抜群の功績を残している」といったところだろう。ここでは淫水は女性の愛液と男性の精液と両方の意味を兼ねている。

精液という言葉も第3章に登場した「房内篇」で「交接之時精液流漾」と使われている。同書は紀元前から紀元2、3世紀頃までに中国で成立したさまざまな性の指南書のダイジェスト版だから、中国ではその頃からこの言葉が使われていたわけである。

こうして眺め直してみると、性を巡るわれわれの会話は、平安時代から現代まで1000年以上かけて生まれた言葉をフルに用いることによって成り立っていることが、あらためて理解できる。

おわりに

本書は「性の通史」を作りたいという幻冬舎の前田香織さんと下川の意見が一致したところから始まった。縄文時代から現代にいたる歴史を通観した本は沢山あるし、性の風俗について記した本もそれなりに出版されている。しかし「性の通史」となると、これがありそうで見当たらないのだ。

ただし不安も大きかった。私は性の風俗史に関心を抱くようになって50年になるが、最初は自分の育った昭和時代の、それも太平洋戦争後のエピソードだけを振り返るつもりだった。50年前には「戦後」という言葉に現在よりも深く重い意味合いが込められていたから、戦前や戦時中のできごとは戦後の性の風俗にどのように反映されているのだろうという点が最大の関心事だった。そのうちに次第に間口が広がり始めて、明治時代までは自分のテーマと考えるようになったが、それ以前へ足を踏み入れるとなると、変体仮名も読めない、まして古文書はお手上げという自分にどれくらいのことができるか、まったく自信がなかったからである。

それでも止めなかったのは、「性の通史」と呼べるものが1冊もないとすれば、不十分なりに、それを作っておく意味はあると思ったことによる。

と同時に、江戸時代以前と明治以降の性風俗の動きを比較するうちに、「近代日本」について、疑問がどんどん増幅されていったことも、止めるわけにはいかなくなった理由であった。私の中では「近代化」と「個人の確立」という命題は、ほとんど同義語として並立していた。戦後民主主義と呼ばれる時代に成長したせいもあって、その思いはほかの世代の人々よりも強いかも知れない。そして時代の流れに「性」というスケールをあててみると、近代以前と以後では、後者の方が個人的な生き方としての性のありようも明確になると何の疑問もなしに思い込んでいたが、いざ、資料に接してみると、前者にはよくも悪くも個人の生き方が反映されているのに対して、後者からはむしろ個人が時代の中に埋没しているように感じられた。とすれば日本の近代化は個人の確立を促す形で進行してきたわけではないのではないか？　むしろ封建時代などの方が、個人の生き方と社会との関わりはきちんとしていたようにも思われたのである。

本書は「通史」と呼ぶにはエピソードの寄せ集めになったが、性風俗の流れを読みやすい形でまとめたいと考えた結果、こういう形に落ち着いた。

前田さんから最初にお話をいただいたのは3年以上前だったが、下川の個人的な事情で長期間待たせることになった。そのことにおわびを申し上げるとともに、待ってもらったことにお礼を申し上げます。

おもな参考文献

『阿奈遠加志』沢田名垂
『有馬温泉誌』田中芳男編（松岡儀兵衛）
『竹取物語　伊勢物語』新日本古典文学大系・17／佐竹昭広ほか編（岩波書店）
『一遍——放浪する時衆の祖』今井雅晴（三省堂）
『歌垣の民俗学的研究』渡辺昭五（白帝社）
『絵草紙屋　江戸の浮世絵ショップ』鈴木俊幸（平凡社）
『表四十八手』菱川師宣
『折口信夫全集』第2巻、第9巻（中央公論社）
『解体新書の謎』大城孟（ライフ・サイエンス）
『甲子夜話』松浦静山（平凡社）
『完訳源平盛衰記』全8巻／三野恵ほか訳（勉誠出版）
『傀儡子・曲舞・白拍子　女性芸能の源流』脇田晴子（角川書店）
『廓の生活』中野栄三（雄山閣）
『群馬県警察史』群馬県警察本部
『芸能の中世』五味文彦編（吉川弘文館）
『現代女市場』高橋桂二（赤炉閣書房）
『講座　日本の民俗宗教』五来重ほか編（弘文堂）

『校注　水鏡』金子大麓ほか編（新典社）
『国史大辞典』国史大辞典編集委員会編（吉川弘文館）
『古事記』新編日本古典文学全集・1／山口佳紀・神野志隆光校注・訳（小学館）
『秘画絵巻　小柴垣草子』定本　浮世絵春画名品集成17／リチャード・レイン編著
（河出書房新社）
『古代・中世の芸能と買売春　遊行女婦から傾城へ』服藤早苗（明石書店）
「今東光『稚児』と『弘児聖教秘伝私』」
辻晶子（「奈良女子大学日本アジア言語文化学会」第38号）
『混浴と日本史』下川耿史（筑摩書房）
『サルタヒコ考』飯田道夫（臨川書店）
『色道大鏡』藤本箕山
『静御前』黒河内與四郎（大學館）
『邪教・立川流』真鍋俊照（筑摩書房）
『史話日本の歴史／18』清原康正・鈴木貞美編（作品社）
『酔人粋学』滝川政次郎（自由国民社）
『性愛の仏教史』藤巻一保（学研パブリッシング）
『大系　日本歴史と芸能』第9巻／網野善彦ほか編（平凡社）
『中世の女の一生』保立道久（洋泉社）
『定本柳田國男集』第7巻、第15巻（筑摩書房）

『天正遣欧使節　千々石ミゲル』大石一久（長崎文献社）
『道祖神散歩』道祖神を歩く会・野中昭夫（新潮社）
『日本逸史』「国史大系」第6巻
『日本エロ写真史』下川耿史（筑摩書房）
『日本花街史』明田鉄男（雄山閣）
『日本紀略』「国史大系」第5巻
『日本芸能史』第4巻／芸能史研究会編（法政大学出版局）
『日本書紀』新編日本古典文学全集・2〜4／小島憲之ほか校注・訳（小学館）
『日本の艶本・珍書・総解説』佐藤要人ほか（自由国民社）
『日本民俗語大辞典』石上堅（桜楓社）
『日本民俗大辞典』福田アジオほか編（吉川弘文館）
『王権誕生』日本の歴史02／寺沢薫（講談社）
『律令国家の転換と「日本」』日本の歴史05／坂上康俊（講談社）
『裸はいつから恥ずかしくなったか』中野明（新潮社）
『平家物語』新編日本古典文学全集・45、46／市古貞次校注・訳（小学館）
『ペリー艦隊日本遠征記』オフィス宮崎編訳（万来舎）
『本朝世紀』「国史大系」第9巻
「房内」『医心方』第9冊／丹波康頼（至文堂）
『盆踊り　乱交の民俗学』下川耿史（作品社）

『万葉集私注』全10巻／土屋文明（筑摩書房）
『八雲御抄』順徳天皇著・片桐洋一監修・八雲御抄研究会編（和泉書院）
『遊女記』大江匡房
「甦る戦前の〈海女〉：絵葉書に写る〈眼差し〉の社会的変遷」
小暮修三（「東京海洋大学研究報告」10巻所収）

幻冬舎新書 413

エロティック日本史

古代から昭和まで、ふしだらな35話

二〇一六年三月三十日 第一刷発行
二〇一七年十月 五 日 第四刷発行

著者 下川耿史

発行人 見城 徹
編集人 志儀保博
発行所 株式会社 幻冬舎
〒一五一-〇〇五一 東京都渋谷区千駄ヶ谷四-九-七
電話 〇三-五四一一-六二一一(編集)
〇三-五四一一-六二二二(営業)
振替 〇〇一二〇-八-七六七六四三
ブックデザイン 鈴木成一デザイン室
印刷・製本所 中央精版印刷株式会社

検印廃止

Printed in Japan ISBN978-4-344-98414-1 C0295
し-11-1

幻冬舎ホームページアドレス http://www.gentosha.co.jp/
*この本に関するご意見・ご感想をメールでお寄せいただく場合は、comment@gentosha.co.jp まで。